KB261486

양성 평등교육

심미옥 · 추병완 · 이주한 · 서동엽 지음

양성평등교육

1판 1쇄 발행 | 2011년 2월 23일

지은이 | 심미옥, 추병완, 이주한, 서동엽 **· 발행인** | 박영호 **· 편집책임** | 박우진
편집팀 | 김영주, 김정아, 최미라 **· 관리팀** | 임선희, 정철호, 김성언 **· 기획 영업팀** | 박민우
인 쇄 | 제삼인쇄

펴낸곳 | 도서출판 하우 **· 등록번호** | 제2008-13호 **· 물류센터** | 서울시 중랑구 망우동 364-18 1층
전화 | (02)922-7090 **· 팩스** | (02)922-7092

http://www.hawoo.co.kr   e-mail : hawoo4418@hotmail.com

값 8,000원
ISBN 978-89-7699-784-5   93370

양성 평등교육

심미옥 · 추병완 · 이주한 · 서동엽 지음

도서출판 夏雨

머리말

　최근 민주주의의 발달과 함께 우리 사회는 양성평등에 대한 사회적 관심과 인식이 점차 높아지고 있다. 이미 2003년에 '한국양성평등교육진흥원'이 여성부 산하에 설립되어 활발한 활동을 전개해 오고 있으며, 각 대학에도 양성평등센터 등이 개설되어 양성평등교육을 구현하기 위한 다양한 노력을 경주해 오고 있다. 그 외에도 여러 교육기관 및 시민단체에서도 양성평등교육과 관련된 다양한 프로그램을 기획, 추진해 오고 있다.

　그러나 이러한 노력에도 불구하고 완전한 양성평등교육의 실현은 아직 요원하기만 하다. 특히 양성평등교육에 가장 큰 영향을 미치는 교사양성기관은 여전히 실질적이고 질 높은 양성평등교육을 실시하지 못하고 있다. 실례로 양성평등교육을 위한 전문적인 연구서나 체계적인 교재 하나 없는 것이 현실이다. 이러한 상황에서 남녀 모두에게 잠재되어 있는 특성을 충분히 발휘하고 자신의 삶을 주체적으로 영위하며 사회적으로 의미 있는 삶을 살아가도록 돕는 진정한 양성평등교육을 실현하기란 거의 불가능한 일이다.

　이 책은 교사양성기관에서 질 높은 양성평등교육을 실시하기 위해서는 무엇보다 체계적인 교재가 요구된다는 문제의식에서 기획되었다. 제 I 장에서는 양성평등교육에 대한 개괄적 이해를 시도하였다. 먼저 양성평등과 양성평등교육이란 어떤 의미인지, 양성평등한 교육과정은 무엇이며 교육과정 속에 어떤 성 차별성이 존재하는지 등을 다루었다. 다음으로 양성평등교육 실천을 위해 교사가 어떤 역할을 수행해야 하는지를 검토하였다. 제 II 장에서는 서양교육사상 속에 나타난 양성평등의 문제를 고대의 플라톤과 근대의 루소를 중심으로 고찰하였다. 일반적으로 플라톤은 양성평등교육론자로, 루소는 반양성평등교육론자로 평가되고 있는데, 두 사상가의 『국가』와 『에밀』을 분석함으로써 그러한 평가가 정당한지를 주로 논의하였다. 제 III 장에서는 교직에서의 양성평등 문제를 다루었다. 먼저 교직 여성화 문제를 그 실태와 원인을 중심으로 살펴보고, 다음으로 학생지도와 학교운영에서 남녀교사의 역할, 교직에서의 승진과 양성평등의 문제를 고찰하였다. 제 IV 장에서는 수학 교과와 과학 교과를 중심으로 교과교육과 양성평등의 관계를 다루었다. 먼저 국제비교를 통해 수학과 과학 교과에서 양성평등 관련 현황을 살펴보았으며, 수학 평가 문항에서 남녀 학생의 성차가 어떻게 나타나는지, 수학 교과 영역에서 남녀 성차에 관련된 연구가 어떻게 진행되고 있는지, 이러한 연구결과가 교육에 시사하는 바가 무엇인지 등을 논의하였다.

짧은 집필 기간과 집필자들의 능력의 한계로 인해 양과 질에서 기획의도를 충분히 실현하지 못한 아쉬움이 있다. 그러나 독자들의 질정(叱正)을 통해 지속적으로 수정·보완하기로 하고, 부족하나마 양성평등교육을 위한 작은 참고도서가 되기를 기대하며 세상에 내놓는다.

어려운 사정에도 기꺼이 출판을 맡아준 도서출판 하우 관계자 여러분께 감사드린다.

2011년 1월

저자 일동

차례

I.

양성평등교육의 이해

　세계경제포럼(World Economy Forum, WEF)이 2006년 11월 22일에 발표한 '남녀 격차 지수'에 따르면 한국은 캄보디아(89위), 튀니지(90위), 요르단(93위), 나이지리아(94위), 인도(98위) 등과 함께 92위로 최하위권에 머물렀다. 한국은 WEF가 남녀 격차 지수를 처음 발표한 2005년에도 58개국 중 54위에 머물러 여성 인권 수준이 매우 뒤떨어진 것으로 평가됐다. WEF는 미국 하버드대학과 영국 런던대학 연구진과 공동으로 교육·보건·고용·정치 4개 부문에서 남녀 불평등 상황을 조사한 뒤 부문별 점수를 합산하는 방식으로 남녀 격차 지수를 산출해 순위로 매겼다. 여기서 우리나라는 4개 부문 평점을 합친 결과 0.62점을 받았다. 지수가 0이면 불평등, 1이면 완전 평등을 의미한다. 부문별로는 고용에서 96위, 교육 81위, 정치참여 84위, 보건 94위로 조사됐다. 중등교육과 기대 수명 분야에서는 각각 1위를 차지했으나 출생 성비와 동일노동 임금평등 분야에서 각각 110위, 105위로 최악의 평가를 받았다.

이러한 결과를 초래한 이유에는 여러 가지 원인들이 복합적으로 얽혀 있으나, 그 중 학교교육을 통한 성역할 학습과 재생산 과정도 중요한 이유 가운데 하나이다. 학교는 가족과 마찬가지로 고정된 성역할을 강화한다는 지적이 끊임없이 제기되어 왔다. 교육을 통해 성적 편견을 없애고 평등한 성역할을 심어주기 보다는 기존의 성역할 고정관념을 재생산하고 더욱 심화시킴으로써 학생들에게 차별적인 성역할을 길러주는 역할을 하고 있다는 논리다. 이러한 비판에 대한 반성으로 한국 교육 역시 양성평등한 의식을 개발하기 위한 교육에 관심을 갖게 되었다. 학교는 일종의 가치 기업(value enterprise)이므로, 초등교육 단계에서부터 학생들이 양성평등 가치를 내면화하도록 하는 것은 학교교육이 담당해야 할 중요한 교육적 과제중의 하나인 것이다.

1. 양성평등과 양성평등교육의 의미

가. 양성평등의 의미

양성평등교육이라는 말의 의미를 살펴보는 위해서는 먼저 양성평등의 명확한 개념 정의를 찾아볼 필요가 있다. 원래 성(gender)은 타고난 남녀로서의 생물학적 성(sex) 뿐만 아니라 남녀에 부여된 사회적·문화적 의미까지 포함하는 개념이다. 성(gender)은 모든 사회적 상호작용에 스며들어있는 성적(sexual) 특성으로서, 외관상 직접적인 연관이 없어 보이는 경우조차도 실제로는 상호작용에 있어서 가장 중심적인 것이 될 수도 있다. 따라서 성(gender)은 남녀 구별의 사회적 구성체이다(Biklen & Pollard, 1993 : 1). 한편 평등(equity)은 '공정함, 치우침이 없음, 남녀 각 개인에게 마땅히 주어야 할 것을 주는 것 또는 주고자 하는 것'을 의미한다(김윤옥 외 9인, 1998 : 198).

이렇게 볼 때 양성평등은 남녀가 평등하다는 의미를 내포하고 있다. 물론 여기서의 남녀평등은 남녀 간에 어떤 의미 있는 차이도 없다는 것을 뜻하지는 않는다. 우리가 경험한 바와 같이 남녀 간의 능력·기질·성격 등에 있어서 상당한 차이가 있는 것이 사실이다. 그러므로 '남녀가 평등하다'는 말의 참뜻은 남녀가 갖고 있는 비본질적인 특성에 있어서는 서로 다를 수가 있지만, 인간의 존엄성이라는 본질적인 측면에서는 남녀가 평등하다는 것을 의미하는 것이다. 양성평등의 가치는 남성과 여성 모두의 인권을 존중하고 존엄성을 인정하는 것으로 인류가 추구해야 할 보편적 가치이다. 그러나 아쉽게도 우리 사회에서 양성평등의 가치는 우리의 관념 속에만 존재할 뿐, 현실 속에서 실현되기에는 아직도 요원한 상태다.

사회 속에 존재하는 성 차별 혹은 성 불평등을 극복하기 위해 투쟁해 온 여성학자들은 역사의 흐름 속에서 수많은 비판과 논쟁의 과정을 거치면서 다양한 양성평등 개념을 제시했다. 여성학자들이 발전시킨 양성평등의 의미는 크게 세 가지로 구분된다. 첫째, 남녀를 동등하게 대우하는 것을 의미하는 양성평등의 동일성 모형이다.

이 모형은 남성과 여성을 동일하게 대우하는 것을 양성평등이라고
본다. 둘째, 남성의 여성에 대한 지배를 종식하는 것을 의미하는
양성평등의 지배 타파 모형이다. 이 모형에 의하면, 남녀 간의 같
음과 다름이 양성평등의 일차적인 문제라기보다는 사회에서 성을
이유로 상이한 대우를 받게 되는 성 차별 또는 성 불평등이 일차적
인 문제라고 한다. 셋째, 여성과 남성은 동일하게 대우받아야 할
뿐만 아니라 남성과 다른 특별대우를 한시적으로 받아야 함을 의미
하는 양성평등의 이중 권리 모형이 있다. 이중 권리 모형은 남성과
비교했을 때 여성이 지니는 차이에 대한 특별 권리를 인정해 주는
것이 양성평등한 것이라고 본다. 이처럼 여성의 이중적인 권리를
보장해 주는 문제는 공직이나 여성 취업에 있어서 쿼터 문제로 구
체화되어 나타난다(김재춘·왕석순, 1999 : 14-17).

나. 양성평등교육의 세 가지 의미

일반적으로 양성평등교육은 양성 중 어느 특정 성에 대하여 부정
적인 감정이나 고정관념, 차별적인 태도를 가지지 않고, 생물학적
차이를 사회·문화적 차이로 직결시키지 않으며, 남녀 모두에게 잠
재되어 있는 특성을 충분히 발현하여 자신의 자유의지로 삶을 계획
하고 세상을 볼 수 있도록 촉진하는 교육을 말한다.

양성평등교육의 의미는 그 강조점에 따라 세 가지로 분류된다.
김재춘·왕석순(1999 : 22)은 양성평등교육을 소극적인 양성평등교
육, 적극적인 양성평등교육, 비판적인 양성평등교육으로 구분하고

있다. 그들은 우선 양성평등교육을 '양성평등한 교육'과 '양성평등의식교육'으로 구분하였다. '양성평등한 교육'을 '소극적인 양성평등교육'과 '적극적인 양성평등교육'으로 구분하고, 양성평등의식교육인 '비판적인 양성평등교육'을 통해서 구체적으로 이루어진다고 하여 3단계로 구분하고 있다. 성 차별적인 사회 관례와 제도로 특징지워지는 사회를 양성 평등한 사회로 변혁시키는 일은 단순히 교육에서 성 차별적인 요소를 제거하는 '양성 평등한 교육'을 실시하는 것 이상을 요구한다. 양성 평등한 사회를 실현하기 위해서는 양성 평등한 미래 사회에 대한 비전 속에서 현존하는 성 차별성을 제거하기 위해 부단히 투쟁할 수 있는 비판적이며 실천적인 인간을 길러내기 위한 '양성평등한 사회 재건을 위한 교육, 양성평등의식 교육'을 실시할 필요가 있다는 것이다.

이와 유사하게 교육인적자원부(2005 : 2-5)는 동일한 교육 접근 기회로서의 양성평등교육, 비성차별적 교육으로서의 양성평등교육, 탈위계적 성 관계 구축을 위한 교육으로서의 양성평등교육으로 구분하고 있다.

(1) 동일한 교육접근기회로서의 양성평등교육

양성평등교육이라고 할 때 가장 먼저 떠오르는 생각은 동일한 교육기회로서의 양성평등교육이다. 왜냐하면 역사적으로 볼 때, 여성이 학교교육에서 접근 기회 자체를 박탈당하는 사례가 많았기 때문이다. 여성에게도 남성에게서와 마찬가지로 학교교육에 대한 동일한 접근 기회를 제공하는 것은 양성평등교육의 첫걸음에 해당한다. 남녀에게 교육에 대한 동등한 접근 기회를 제공해야 한다는 논리는 우리 사회에서 양성평등교육 실현을 위한 대표적인 투쟁 주제의 하나였다. 우리 사회에서는 해방 이후 50여 년 동안 경찰대학이나 육·해·공군 사관학교에 여학생이 진학할 수 없었다. 이처럼 여성이라는 이유만으로 진학 기회 자체를 박탈하는 것은 대표적인 성차별 제도이다.

양성평등교육이 동일한 교육 기회를 갖도록 하는 것이라고 할 때, 여기서 동일하다는 의미가 우선적으로 양적인 기회 균등으로 받아들여진다면, 이런 의미에서 우리나라에는 이미 양성평등교육이 이루어지고 있다는 말이 매우 설득력이 있을 수 있다. 즉, 의무교육이 중학교까지 확대되고, 남녀 모두 고등학교 취학률이 95%에 달하며, 성별에 제한 없이 고등교육을 받고 있다는 점이 주요한 주장의 근거가 된다.

하지만, 교육기회의 평등은 양적인 측면과 질적인 측면의 두 가지 관점에서 바라봐야 하며, 단순히 남녀가 교육 년수(年數)에 있어서 차별이 없는 것만으로 교육기회의 평등이 이루어진 것으로 볼 수 없다. 여성들이 교육받을 수 있는 기회가 확대되어 교육 년수가 양적으로 많아졌다 해서 양성평등교육이 이루어진 것으로 간주하는 것은 교육과정이나 학생들의 교육경험에 내재한 성차별적 이데올로기를 간과하게 하기 때문이다. 학교교육이 표방하는 교육이념이나 교육목적은 형식상 학생의 성별에 관계없이 통합된 단일구조로 제공되어 왔다. 그러나 실제 교육의 과정에서 교육이념이나 교육목적은 전통적인 성역할의식과 성 고정관념에 의해 재해석되어 적용됨으로써, 남녀 학생에게 배분되는 교육적 가치는 가부장적 질서에 근거한 것으로 전환된다는 점에 주목해야 한다. 5차 교육과정기까지 중등학교 여학생은 가정 과목을, 남학생은 기술과목을 배우도록 한 것이 그 전형적인 예이다.

이와 더불어 분명히 하지 않으면 안 되는 것은 교육받을 권리는 생물학적 존재로서의 인간이 사회문화적 존재로서의 인간이 되기 위해서 인간이면 누구나 누려야 하는 기본적인 권리 즉 인권에 속한다는 점이다. 이런 점에서 동일한 양의 교육기회의 제공은 교육기회의 평등에 있어서 최소한의 수준을 만족시키는 데에 불과하다. 따라서 비록 여성에게 교육 기회가 지속적으로 확대되어 여성이 남성과 동등한 수준 또는 더 많은 양의 교육을 받는다 하더라도, 실질적인 교육 활동이 가부장적 사회질서 속의 위계적 성 관계(gender relation)를 재생산 해내는 기제로 작용하고 있다면, 그것은 진정한 의미에서의 양성평등교육이라고 할 수 없다.

(2) 비성차별적 교육으로서의 양성평등교육

양성평등교육을 성차별적인 교육활동을 하지 않는 교육으로 정의하는 방식이 있다. 이것은 양성평등교육을 '교육의 현장에서 성에 따른 차별을 하지 않는 것'이라고 정의하고, 양성평등교육을 위해 현재의 교육제도, 과정, 내용을 성찰적으로 비판하면서 교과서 및 교과과정, 교수진, 기타 학교환경 등 모든 교육 환경에서의 차별을 제거할 것을 주장한다.

이와 같은 관점은 교육과정을 비롯하여, 교육환경에 이르기까지 학교교육 활동 전반에 걸쳐 성차별이 없다면 양성평등교육이 이루어지고 있다고 평가한다. 여기서 성차별적 교육은 '의도적이든 비의도적이든 학교교육 활동 전반에 걸쳐 특정 성 및 성차에 대한 편견 및 고정관념에 근거하여 학생을 지도하거나 이를 강화하는 일체의 교육 활동 및 결과적으로 특정 한 성을 불리하게 대우하는 차별적 교수 활동 모두를 포함'한다.

그렇다면, 특정 성에 대한 고정관념이나 편견에 근거하여 학생을 지도하지 않고, 특정 성을 불리하게 대우하는 차별적 교수활동을 하지 않는 것, 즉 성차별적 교육을 하지 않는 것만으로 양성평등교육이 이루어질 수 있을까? 성차별적 교육을 하지 않는 것은 양성평등교육을 위한 필요조건이지 충분조건은 아니다. 이 점에 대해서는 학교교육을 받고 있는 학생들은 비록 유치원단계의 아동이라 할지라도 이미 가정과 사회의 영향으로 특정 성에 대한 편견이나 성역할 고정관념, 여성과 남성의 행동과 태도 등에 대한 정형화된 이미지를 나름대로 갖고 있다는 점을 생각하면 분명해진다.

가정과 사회를 통해 이미 학생들에게 내면화된 가부장적 가치체계나 성별 행동특성을 간과한 채, 성에 따른 차별을 하지 않는 교육만으로 남녀 학생들에게 동일한 교육경험의 축적이나 동일한 학습효과를 기대할 수 있을까? 한 가지 예를 들어보자. 일반적으로 유아기에 남아들에 비해 여아들은 자동차 장난감을 가지고 놀거나 비행기나 로보트 모형을 조립하는 활동하는 경우가 월등히 적다. 이런 여아들이 초등학교에 들어와 과학수업시간에 남학생과 동일하게 로보트를 조립하고 비행기 모형을 만드는 작업에 참여하도록 한다면 어떻게 될까? 이 경우 대부분의 여학생들은 로보트 조립활동에 남학생처럼 흥미를 보이지 않을 것이고 실제 작업의 결과 또한 남학생이 더 우수하게 나타날 것이다. 그리고 이러한 일련의 교육경험의 누적은 남녀학생들로 하여금 과학활동은 남학생에게 더 적합하고 잘 한다는 성역할 고정관념을 확인하게 할 것이다. 이처럼 가정과 사회에서의 사회화 과정을 통해 축적된 다양한 형태의 선행학습경험의 성차를 고려하지 않고 동일한 교육을 제공하는 경우에는 오히려 여성과 남성의 성 정형성을 강화하게 될 것이다. 더 나아가서는 교육적 성취와 진로 선택에서의 성차를 가져오는 결과로 이어지게 될 것이다.

휴스톤(Houston)은 바로 이와 같은 점에 주목하면서 성 중립적인(gender neutral) 교육만으로는 양성평등교육이 이루어질 수 없음을 지적한 바 있다. 휴스톤이 말하는 성중립적 교육이란 성차를 전혀 고려하지 않은 채 남녀학생에게 기계적으로 동일한 교육을 제공함으로써 양성평등교육을 이루고자 하는 방식을 말한다. 이럴 경우 앞서 지적한 바와 같이 외형상으로는 양성평등적으로 보이지만, 사실상 그 내용에 있어서는 이미 내재한 불평등 상황을 도외시한 채 주어지는 형식적인 평등이므로 양성평등교육이 이루어질 수 없는 근원적인 한계에 부딪히게 된다.

(3) 탈위계적 성 관계(gender relation) 구축을 위한 교육으로 서의 양성평등교육

따라서 양성평등교육은 가정과 사회로부터의 초기 사회화의 영향으로 학생들에게 내재된 가부장적 가치체계를 기반으로 한 성역할 고정관념과 성 편견 등 성 차별적 요소에 의해 학생들의 교육경험이 성(gender)에 의해 구조적으로 왜곡되는 현상을 방지하는 데에서부터 출발하여야 한다. 휴스톤이 성에 민감한(gender-sensitive) 교육을 할 것을 제안한 것 또한 바로 이와 같은 맥락이다. 성에 민감한 교육이란 교육 상황에 미치는 성의 미묘한 차이들을 고려하는 교육을 뜻한다. 따라서 성이 차이를 만들 때는 성을 고려하고, 차이를 만들지 않을 때는 무시함으로써 성을 고려하는 교육을 실시할 필요가 있다(김재춘·왕석순, 2005 : 19). 남성과 여성은 경험 자체가 다르고 경험하는 방식도 다르기 때문에 특정 교수·학습 방법에는 편안함을 느끼는 반면에, 다른 교수·학습 방법에는 불편함 또는 불안감을 느끼는 경우가 있다. 예컨대, 추상적이고 분리적인 사고방식에 익숙하지 못한 여학생에게는 구체적이고 연계적인 방식으로 가르치고, 구체적이고 관계적인 사고방식에 낯설어 하는 남학생에게는 추상적이고 분리적인 방식으로 가르칠 필요가 있다.

마틴(Martin)은 생물학적 성에 따라 사회화가 달리 이루어지는 것을 무시하고 동일성의 가정을 무비판적으로 받아들이는 오류를 범해서는 안 된다는 점을 지적하면서, 우리가 만일 동등한 결과를 얻고자 한다면, 남성과 여성에게 주어지는 교육적 처방은 달라야만 한다고 강조한다. 마틴이 교육개혁의 원리로 제안한 성에 민감한 교육적 이상(gender-sensitive educational ideal)은 교육받은 인간의 특성을 재규정하고, 교육과정의 재구조화를 지향한다. 우리 사회의 두 종류의 사회적 과정, 즉 생산과정과 재생산과정은 사회문화적 성(gender)과 관련되어 있다. 교육을 남성적 영역으로 인식되어 온 생산과정과의 관련 속에서만 정의되게 되면 우리가 추구하는 교육받은 인간의 이상은 문화적으로 전형적인 남성상과 일치하게 될 것이며, 교육에서 추구하는 수월성도 남성적 특성 즉 객관적이고 분석적이며 이성적인 특성들로 인식된다. 그 결과 오늘날 교육받은 여성이 획득해야만 하는 특성들이란 모두 남성적인 것으로 여겨져 온 특성들이며, 재생산과정과 관련된 여성적 특성들은 상대적으로 열등한 가치로 인식하게 된다. 이러한 문제를 극복하기 위해 마틴은 교육을 생산과정과 재생산과정 모두와의 관련 속에서 파악하고 교육받은 인간의 특성에 여성적 가치로 인식되는 양육적이며, 관계 지향적이고 지지적인 특성들을 통합할 것을 제안하고 있다.

양성평등교육은 마틴이 제안한 바와 같이 남성 우월적 가치체제에 기반을 둔 전통적인 성 관계(gender relation)를 탈위계적 관계로 재구조화하기 위한 교육이다. 이를 위해서는 재정립된 교육적 인간상을 토대로 생산 활동과 관련된 공적 영역의 삶뿐만 아니라 재생산활동과 관련된 양육적 능력과 배려의 윤리가 교육과정의 기본 구조의 하나가 되는 교육과정의 개혁이 수반되어야 합니다. 이와 더불어 초기 사회화 과정으로 형성된 성차를 극복하는 한편, 길리건

(Gilligan)이 도덕성에 있어서 여성의 독특한 특성을 찾아내어 이를 '다른 목소리'로 명명하였듯이, 지식과 사고 유형이나 도덕성 발달 등에 있어서 남성과 여성간의 차이가 있다는 점을 인식하고 동일한 성취와 교육적 결과를 끌어내기 위한 교수·학습방법의 개발과 활용이 요청된다.

길리건은 도덕심리학자나 도덕철학자들이 사회적 경험과 그 해석에 하나의 방식만이 존재한다는 전제를 받아들였기 때문에 여성의 도덕 목소리를 적절하게 평가하지 못했다고 비판하면서, 배려의 관점을 첨가함으로써 기존의 도덕 이론의 편향성을 수정·보완하고, 그에 따라 기존의 도덕적 잣대에 의해 적절하게 평가되지 않았던 다른 목소리들을 정당하게 도덕의 영역에 포함시킬 수 있다고 주장한 바 있다(Gilligan, 1982 : 173).

김재춘·왕석순(1999) 또한 동일한 결과를 끌어내기 위해 성을 고려한 교육을 제공하는 것을 양성평등교육으로 규정하고, 이를 양성에게 동일한 교육기회를 제공하는 형태보다 더 진전된 형태의 양성평등교육으로 평가하였다. 뿐만 아니라 학생들에게 양성평등의식을 형성하기 위한 교육이나 양성성(androgyny)을 길러주는 교육도 양성평등교육을 위한 주요한 교육영역이다. 앞서 논의한 바와 같이 양성평등교육은 남성우위의 성 관계(gender relation)를 재구조화하여 탈위계적인 관계로의 재정립을 위한 교육활동이다. 이를 위해서는 재생산활동과 관련한 여성의 역할과 가치에 대한 왜곡된 인식을 개선하고, 가부장적 질서에 기반 한 우리 사회에 내재한 위계적 가치체제 그 자체에 대한 비판의식을 높이기 위한 교육이 반드시 수반되어야 하기 때문이다.

　양성평등교육은 흔히 성별에 관계없이 동등하게 교육받을 수 있는 기회를 제공하는 것으로 인식되거나 학생들에게 양성평등의식을 가르치는 교육으로 인식되는 경향이 있으나, 양성평등교육은 교육받을 수 있는 기회를 보장하는 문제를 넘어서는 것이며, 학생들에게 양성평등의식을 가르치는 것만을 의미하는 것도 아니다. 양성평등교육은 학생들에게 양성평등의식을 명시적·의도적으로 가르치는 것은 물론 교사의 교수·학습과정을 비롯하여, 학교 교육활동의 구성 및 운영 전반에 걸친 교육활동이 갖는 성 차별성을 파악하고 이를 부단히 개선하는 한편, 학생의 성차를 해소하기 위한 교육활동을 제공함으로써 학생이 성 정형화된 교육경험을 갖는 것을 방지하고, 더 나아가서는 전통적인 성 관계(gender relation)를 극복할 수 있는 교육경험을 갖도록 하는 것이다. 이러한 교육의 결과는 개인적으로는 사회적 성취로 이어져 가족과 사회에서의 성별 분업이 제거되고, 궁극적으로는 여성 또는 남성으로서가 아니라 하나의 인간으로서 자율적 선택에 의한 다양한 삶을 가능하게 하는 한편, 사회적으로는 가부장적 질서에 기반을 둔 위계적 성 관계가 와해되고 탈위계적 성 관계를 정립하는 데 기여한다.

2. 양성평등한 교육과정의 구현

가. 양성평등한 교육과정의 의미

초·중등학교 교육과정은 우리 교육이 지향하는 바로서의 교육이념, 교육목적을 담고 있을 뿐만 아니라 교육목적이나 이념을 실현하기 위한 교육내용과 교육의 과정(course)을 담고 있다. 교육과정이 지향하는 바는 학교교육을 통해 실현하고자 하는 가치와 지식, 경험의 총체로서, 사회적인 측면에서는 바람직한 인간상과 사회상을 규정하는 동시에 학생의 교육경험의 폭과 질을 규정하고 한계를 정해 준다. 바로 이와 같은 점에서 교육과정에서의 양성평등의 문제가 주요한 관심사가 되어 왔다.

교육과정에서의 양성평등의 문제는 학교 교육과정이 지향하는 바로서의 인간상이나 사회상이 양성평등한 것인지 그리고 교육이념이나 목적이 배분되고 구현되는 데 있어 성 정형화 등 성에 근거한 차별적 사회화가 이루어지고 있는 것은 아닌가 하는 것이다. 이와 더불어 교육내용이 전개되고 구조화되는 방식이 한 성의 경험을 배타적으로 반영함으로써 다른 한 성에게 교과에 대한 태도나 관심, 더 나아가서는 성취도 등에 있어서 불이익한 결과를 가져오는 것은 아닌가 하는 것도 주요한 관심사중의 하나다.

따라서 양성평등교육을 위해서는 학교 교육과정과 교과서가 양성평등교육의 이념을 추구하고 여성의 역사와 사회적 발전에 관한 내용을 포함하는 양성평등 교육과정으로의 변화와 발전을 추구해야 한다. 테트럴트(Tetrrault, 2003)는 전통적인 남성 중심 교육과정으로부터 양성평등 교육과정에 이르기까지 각 교육과정의 특성과 성격에 따라 중심 개념과 내용 요소를 〈표 Ⅰ-1〉과 같이 제시하였다. 그는 이와 같은 교육과정의 개념화를 통해 양성평등적 교육과정은 여성의 경험·관점·목소리를 남성과 동등하게 교육과정에서 조명할 것을 강조하는 교육과정 이념으로써 남성과 여성의 공통점과 차이점을 동시에 주목할 뿐만 아니라 인종·민족·문화·계층적 다양성과 함께 여성의 삶과 경험을 반영해야 한다고 주장하였다(전숙자·박은아·최윤정, 2009 : 100).

<표 Ⅰ-1> 여성해방이론의 관점에서 살펴 본 교육과정 분류

교육과정의 특징	
남성 중심 교육과정	• 교육과정에서의 여성의 소외에 대한 무관심함. • 남성 중심의 경험과 지식은 그동안 다른 집단의 지식과 경험에 비해 특별히 강조되고 가치 있게 평가되며 주요 지식이라고 인식함. • 남성의 경험 중심의 교과서와 교육과정이 특별히 선택된 지식과 경험이라는 것에 대한 인식이 부족함.
공헌 중심 교육과정	• 교육과정에서 여성의 소외에 대한 인식이 부족함. • 남성 중심의 역사와 남성적 특성과 가치 위주의 우수함을 강조함. • 성공 등의 가치에 대한 비판적 회의를 통해 소외된 여성의 역사와 경험을 찾으려는 노력임. • 여성은 예외적·일탈적 존재로 간주함. • 여성의 역사를 교육과정에 포함시키지만 교과 내용은 여전히 남성 중심임.

이중 초점 교육과정	• 인류의 경험을 여성·남성 혹은 개인·집단의 이중 잣대로 분류함. • 여성과 남성 각각의 영역과 개인적 가치를 동등하게 고려하는 교육과정임. • 여성의 억압과 여성 혐오 등의 역사에 대해 중점을 두고 이를 극복하는 여성의 역사를 강조함. • 여성을 교육과정에 포함시키고 강조함으로써 기존의 교수·학습 방법이 남성 중심의 교육 구조에 의존해 왔음을 강조함.
여성 중심 교육과정	• 여성의 전통, 역사, 문화, 가치, 가치관 등을 새롭게 조명하고 가치를 부여하는 학문적 관심과 질문을 중시함. • 여성의 삶에 영향을 미치는 다양한 사회적 요소들(예: 인종, 민족, 계층 등)의 다양한 상호연관성을 이해하는 다각적 관점을 제시함. • 여성의 경험을 공적·개인적 역사 경험의 연장선상에서 파악하고 사회적·역사적·문화적·정치적·경제적 맥락 속에서 이해하려는 시도임.
양성평등 교육과정	• 남성과 여성을 인류 전체의 다양한 경험을 구성하는 구성 요소로 이해하기 위한 다각적이고 양성평등적 시각을 추구함. • 남성과 여성의 경험 모두 역사적 맥락 속에서 이해되고 규정지어진 것이며, 인종·계층·문화 등 다양한 사회적 요소에 따라 남녀의 권력과 지식의 중요성이 결정되는 것임을 파악함. • 남성과 여성을 동시에 이해하고 비교할 수 있는 지식의 재구성을 위해 노력함.

교육과정의 양성평등성에 대한 다양한 시각과 입장의 차이는 있지만, 양성평등한 교육과정이 되기 위해서 교육과정이 가져야 할 특성으로 다음 여섯 가지를 들 수 있다(교육과학기술부, 2005 : 41-42). 첫째는 남성과 여성은 서로 많은 부분 비슷한 점과 다른 점이 있음을 인정하는 한편, 남성들 간에도 또 여성들 간에도 유사

성과 차이점이 있음을 인정하고 긍정적으로 받아들이는 다양성(variation)이다. 둘째는 남성과 여성 모두에게 자신들에 관한 긍정적인 메시지를 발견하고 확인할 수 있는 포괄성(inclusive)이다. 셋째는 데이터에 기초하여 입증할 수 있고 비판적 분석에도 견딜 수 있는 정보를 제공하는 정확성(accurate)이다. 넷째는 개인과 집단의 가치를 인정하고 소중히 하는 긍정성(affirmative)이다. 다섯째는 다양한 관점들 간에 균형을 이루는 대표성(representative)이다. 여섯째는 남성과 여성의 관심과 필요, 경험을 함께 섞어서 짜는 통합성(integrated)이다. 이렇게 볼 때, 교육과정의 양성평등성을 제고하기 위한 노력은 기존의 교육과정이 남성과 여성의 관점과 경험, 가치, 기여를 공정하게 반영하고 있는지를 살펴보고 이를 보완하는 데에서부터 출발한다고 할 수 있다.

한편, 정해숙(2002 : 26-27)은 기존의 표준 교육과정이 남성 중심에서 벗어나기 위해서 강화되어야 할 양성평등 교육과정 내용의 범위를 다음과 같이 제시하였다.

첫째, 사적 영역의 생활과 경험에 대한 교육적 가치의 인정이다. 교육적 가치가 재조명되어 우선적으로 가치가 관심을 갖고 다루어져야 할 교육 내용은 가정생활 등 사적 영역에서의 삶을 준비시키기 위한 것과 관련된 내용들이다. 사랑과 타인에 대한 배려, 자녀양육과 가정적 삶을 영위하는데 필요한 지식과 정보, 태도 등이 여기에 해당한다. 이와 관련해서 부분적으로 기술 / 가정과에서 다뤄져 왔으나 기본적으로 여성에게 필요한 덕목이며 지식이라는 전제에서 벗어나지 못하고 있다. 다른 사람을 배려하고 풍요로운 정서를 가진 인간으로 성장하고 개인적인 삶을 유지하고 향유하기 위한 지식이나 기술은 여성만이 아니라 남녀 모두에게 필요한 덕목이자 지식이며 기술이라는 인식을 토대로 한다.

둘째, 공적 영역에서의 여성의 역할과 활동에 대한 재평가이다. 공사 영역 간의 인위적 분리 속에서 사적 영역의 삶에 대한 교육적 가치가 주어지지 않음으로써 가정적 삶과 여성성에 대한 교육적 관심의 부재를 가져온 것과 마찬가지로 공적 영역에서의 여성의 역할과 활동은 남성적 관점에서 사소한 것으로 무시되거나 그 의미가 과소평가 되었다. 공적 영역에서의 여성의 기여를 찾아내고 인정하며 공적 영역에서 여성의 억압된 현실을 현재화 하는 것과 관련된 교육 내용이 여기에 속한다.

셋째, 여성의 지위와 역할의 가시화이다. 여성의 지위와 역할의 가시화와 관련된 교육 내용은 여성에게도 역사가 있다는 인식에서 출발한다. 인류가 살아온 삶의 역사는 결코 여성과 남성이 같지 않으며, 오늘날에도 여전히 서로 공유될 수 없는 경험의 세계가 남아 있음을 부인할 수 없다. 여성의 지위와 역할의 가시화와 관련된 교육 내용은 과거에서 오늘에 이르기까지 여성 인물들의 활동을 보여 주는 내용과 여성들의 삶과 경제, 사회적 지위 그리고 여성 고유의 경험과 가치를 재조명하고 의미를 부여하는 내용들이 포함된다.

넷째, 성 문제(gender issue)에 대한 의식화이다. 최후의 식민지라고 불리는 여성에 대한 억압과 종속 그리고 이를 개선하거나 성

관계(gender relation)를 재구조화하기 위한 교육 내용들이 여기에 속한다. 성 쟁점에 대한 의식화교육 내용에는 성차별을 비롯하여, 다양한 양식으로 우리 사회에 존재하는 편견과 차별을 극복하기 위한 내용, 남성 중심의 가치관과 태도 및 신념의 변화를 위한 내용, 모든 인간 및 생명과 환경에 대한 관심과 존중을 포함하는 내용들이 포함된다.

다섯째, 성(sexuality)에 대한 주체성의 고양이다. 마지막으로는 여성 또는 남성으로서의 생물학적 성과 관련된 내용들이다. 자신의 생물학적 성적 취향에 대한 긍정적 태도를 형성하며 성 행동에 대한 자기 판단력과 결정력을 고양시키는 데 필요한 지식, 정보, 태도 등의 교육 내용이 여기에 속한다.

나. 교육 내용에 내재한 성 차별성

교육과정 내용이 남성과 여성 모두의 관점과 경험, 가치 등을 공정하게 반영하지 않고 있다면, 설사 남녀 학생들이 동일한 교사에게서 동일한 교재를 가지고 교육을 받는다 하더라도, 학생의 성에 따라 그들의 교육경험은 달라질 수밖에 없다. 교과서를 비롯한 각종 교수·학습 자료들이 남녀 학생들의 실제적인 교육경험의 성격을 규정하고 한계지우는 것은 근본적으로 학교에서 배울 만한 가치가 있는 지식으로 선정된 지식의 성격과 그러한 지식을 전달하는 방식, 즉 문자화되고 영상화된 다양한 자료의 성격이 성 편견을 담고 있을 뿐만 아니라 성 정형적이라는 데서 기인한다. 교과서나 교수·학습 자료에서 공통적으로 나타나는 성 차별적 요인들은 5가지 정도로 유목화 할 수 있다(교육과학기술부, 2005 : 42-43).

첫째, 성역할 정형화이다. 이것은 전통적인 성역할 고정관념에 근거하여 남성과 여성의 활동 영역과 하는 일을 경계지우는 것에서 볼 수 있는 바와 같이, 성에 따라서 고유한 특성이나 적합한 일, 활동이 따로 있음을 전제하는 것을 말한다.

둘째, 여성의 배제 또는 불가시성이다. 교과서나 교수·학습 자료에는 많은 가상의 또는 실존 인물이 등장하는데, 여성 인물이 거의 등장하지 않거나 남성 인물에 비해 상대적으로 소수만이 등장하는 것을 말한다.

셋째, 남성 중심적인 교육내용의 전개이다. 우리 사회가 안고 있는 여러 가지 문제들에 대한 관점이나 입장은 개인 또는 자신이 속한 집단에 따라 매우 다양함에도 특정 집단의 관점과 경험만을 다룸으로써, 다른 집단의 관점이나 견해는 사소한 것으로 무시하거나 중요하지 않은 것으로 간주해버리는 것을 말한다. 교과서에서 이혼율 증가 원인을 기술하면서 여성들의 관점은 무시된 채, 여성의 사회 참여 증가가 이혼율 증가의 주요 원인이라고 지적하는 것이 그 한 예라 할 수 있다.

넷째, 여성에 관한 자료의 분리이다. 여성과 관련한 내용을 본문에서 다루지 않고, 글상자 또는 예시문 등으로 별도로 분리하여 다룸으로써, 여성과 관련한 교육 내용은 부수적이거나 주변적인 것으로 꼭 알아두어야 하는 것이 아니라 '알아두면 좋은 것' 정도로 다뤄지는 것을 말한다.

다섯째, 불평등한 지위 부여이다. 여성을 경시 또는 비하하거나 비독립적인 존재로 묘사하는 것 또는 남성에게 더 많은 권위를 부여함으로써 여성보다 남성이 더 존중받아야 할 존재로 묘사하는 것을 말한다.

교과서를 비롯한 각종 교수·학습 자료들에 담겨 있는 성 차별적 교육내용을 통해 여학생들에게 전달되는 여성에 대한 부정적인 메시지는 남학생과는 달리 여학생들의 자아존중감이 중학교 이후 학년이 높아질수록 낮아지는 원인의 하나로 지적되고 있다. 뿐만 아니라 교수·학습 자료에 내재한 성 차별적 교육 내용들은 남녀 학생의 교과에 대한 태도, 더 나아가서는 진로 발달에도 영향을 미칠 수 있는 요인이라는 점에서 교육적인 관점에서 진지하게 고려되어야 한다.

3. 양성평등교육 실천을 위한 교사의 역할

교사는 학생들이 성 차별적인 교육내용을 반성적으로 사고하고, 비판적 의식을 가질 수 있도록 도와줌으로써 성 차별적 교육내용이 가진 한계를 극복하도록 하는 문지기 역할을 수행해야 한다. 즉, 교사는 양성평등한 관점에서의 교수·학습 활동을 전개하려는 지속적인 노력을 기울여야 한다. 긍정적인 성 역할을 길러주는 교사는 학생들이 자신들의 유사성과 차이점의 가치를 인식하고, 그럼으로써 우리 사회에 오랫

동안 뿌리박은 성차별주의로부터 비롯된 해악을 완화하려는 중요한 단계를 밟게 해 준다. 이에 양성평등교육 실천을 위한 교사의 역할을 구체적으로 살펴보면 다음과 같다(전숙자·박은아·최윤정, 2009 : 101-103, 최용규, 2004 : 498-499).

첫째, 교사는 교과서나 교수·학습 자료에서 성적 불평등이나 편견을 암시하는 내용을 발견할 경우, 단순히 숨길 것이 아니라 학생들과 함께 직접적으로 그 문제에 대해 토론하는 것이 바람직하다. 교과서나 학습 자료의 내용이 완벽하게 옳거나 타당하지 않다는 것을 학생들과 함께 논의하는 것은 매우 적절한 일이다. 교육과정이나 교과서에서 발견한 성에 관한 편견이나 불평등, 차별의 문제점을 발견한 사례를 학생들과 함께 이야기 해 봄으로써 교사는 학생들에게 성 불평등과 편견에 관한 사회 문제를 다루는 교과 학습 내용으로 자연스럽게 이어나가는 수업을 전개하여 학생들의 비판적 사고력을 함양할 수 있다.

둘째, 교사는 지역사회, 대학, 지역 도서관, 인터넷 자료 등을 적극적으로 활용하여 보충 자료로 활용해야 한다. 교사는 다양한 자료를 통해 학생들에게 여성과 기타 사회적으로 소외받고 차별받는 집단의 사례와 이들의 숨겨진 사회적 공헌이나 문화적 유산을 찾아보고 학습할 수 있는 마련해 주어야 한다.

셋째, 교사는 학생들과 함께 성에 관한 고정관념이나 편견이 배제된 학습 자료를 수집해야 한다. 이를 통해 교사는 학생들에게 편견과 고정관념의 다양한 양상에 대해 가르치고, 함께 수집한 학습 자료를 통해 여성이나 남성에 대한 편견을 배제하는 수업을 할 수 있다. 일례로 교사는 학생들에게 전래 동화를 양성평등 입장에서 다시 써보게 할 수 있다. 또는 잡지 광고를 분석하여 상업적 판매를 위해 성 고정관념이 어떻게 이용되고 있는지를 비판적으로 분석해 보게 할 수 있다.

넷째, 교사는 학급 자리 배치도, 출석부 순서나 기타 학생 관리 계획을 재검토하면서 여학생과 남학생을 분리하여 교실 운영을 시행하고 있는지 분석해야 한다. 이를 통해 교실에서 특정 집단의 학생들, 특정 자리에 앉은 학생들에게만 관심을 쏟지는 않았는지, 이들에게만 더 많은 시간을 할애하고 있지는 않은지 생각해보아야 한다. 학급 모둠을 구성할 때는 여러 가지 다양성을 고려하며, 이들이 모둠 활동이나 의사결정에 참여할 수 있는 동등한 기회를 부여받고 있는지 살펴보아야 한다.

다섯째, 교사는 역할 모델의 중요성을 인식해야 한다. 역할 모델은 양성평등교육에서 매우 중요하다. 특히 어린 학생들은 교사의 말과 행동에 큰 영향을 받는다. 남교사가 요리를 하거나 가정 실습을 가르치는 모습과 여교사가 활발하게 운동 프로그램에 참여하거나 전기 기계 등을 다루는 모습은 학생들에게 다양한 성 역할의 범주를 직접 보여주고 가르치는 효과적인 교육 방법이다. 교사들은 교실에서 자신의 일상적 행동이 학생들의 성역할 학습에 어떠한 영향을 미칠 수 있는지 유념해야 한다. 교사들은 특별 손님이나 연사를 초청하여 이들이 사회에서 성 고정관념을 깨고 자신의 꿈을 실현한 사례를 학생들이 학습하도록 할 수 있다. 예를 들어, 어린 학생들은 남간호사와 여의사의 사례를 통해 성 고정관념을 타파하고 성역할에 대한 사고의 범주를 넓힐 수 있다. 고학년 학생들에게는 여성 엔지니어나 남성 디자이너의 구체적인 직업 생활과 관련된 사례를 통해 보다 넓은 직업 선택의 가능성과 다양성을 인식하고 고정관념에서 벗어날 수 있다.

여섯째, 교사는 새로운 기술이나 컴퓨터 관련 수업에 남녀 학생들이 모두 동등하게 참여할 수 있도록 구체적인 학습 계획을 세워야 한다. 예를 들어, 컴퓨터를 자유롭게 활용할 수 있도록 수업 시간에 자유 토론이나 정보 검색 시간을 준다면 주로 남학생이 컴퓨터 키보드를 독차지하여 여학생은 컴퓨터 활용과 정보 검색의 기회에 적극적으로 참여할 수 있는 기회를 놓치게 되는 경우가 많다. 따라서 교사는 컴퓨터 사용 시간이나 기회에 대한 규율을 마련하고, 새로운 기술교육에 있어서는 인종, 민족, 언어, 성, 장애와 같은 기존의 편견과 고정관념에 따라 교육 차별이 일어나지 않도록 노력해야 한다.

일곱째, 교사는 남학생과 여학생이 함께 학습할 수 있는 시간을 늘릴 수 있도록 노력해야 한다. 교사가 남녀 학생들이 함께 협동하여 학습하고 놀이에도 함께 참여할 수 있는 시간을 만들고 학생들에게 협동학습을 장려하면 학생들의 남녀 간 의사소통과 상호 이해가 증진될 수 있다.

여덟째, 교사는 또래 간 개인교수와 협동학습을 적극 활용해야 한다. 또래 간 개인교수(tutoring) 학습과 협동학습은 양성 간 긍정적인 관계를 형성하는 데 도움이 된다. 이러한 학습 방법은 도움을 받는 학생뿐만 아니라 도움을 주는 학생들의 학업 성취에도 도움이 되는 것으로 나타난다. 또한 학생들이 또래 간 개인교수나 협동학습을 어떻게 실시하고, 보다 건설적이고 도움이 되는 협동학습을 이끌어 나가는 방법에 대한 학습을 사전에 실시한 후 또래 집단 간 협동학습을 실시하면 더욱 효과적이다. 협동학습에 대한 사전교육을 제대로 실시하지 않을 경우, 대개 남학생이 리더가 되어 협동학습 집단을 지배하거나 이끌어가는 경우가 많다.

아홉째, 수업 시간에 벌어지는 성 고정관념 및 차별, 성희롱으로 간주될 수 있는 학생들의 언행에 대해 무시하고 넘어가서는 안 된다. 교사 자신도 역시 성 차별적 언급이나 행동을 학생들에게 보여서도 안 되며 동시에 인종차별적 발언이나 동성애자에 대한 편견과 차별에 대한 언급도 자제해야 한다. 교사는 학교에서 학생들의 행동과 행동 규율에 있어 모범이 되는 사람이다. 따라서 교사가 학생들의 지나친 성차별적 언어와 행동을 지적하고 수정하기 위해 노력할 때 학생들도 사회의 다른 집단에 대한 존중과 관용의 정신을 배울 수 있다.

열째, 남성과 여성의 성 역할을 정형화하지 않아야 한다. 교사는 남학생과 여학생에게 주어진 선택권을 제한할지도 모르는 방법을 살펴보아야 한다. 예를 들어 교사는 학생들에게 성 역할에 대한 자세한 설명을 해 주어 보다 더 객관적인 태도를 갖도록 시도한다.

한 학생이 "남자 애들만 커서 트럭 운전사가 될 수 있어요."라고 말할 때 교사는 "그렇지 않아. 여자도 트럭 운전을 할 수 있어."하고 대답하고 싶어진다. 이런 접근법은 실패하기 쉽다. 세상을 남성과 여성으로 구분하는 방식은 그 아이에게는 새로운 것이고 예외를 허용하지 않는 것이다. 교사가 세상을 같은 방식으로 보지 않으면 아동은 심지어 분개할 수도 있고 자기의 입장을 더 강하게 옹호할 수 있다. 그러므로 우리가 아동에게 이치에 맞게 설명을 해 주려고 노력하다보면 오히려 문제를 더 복잡하게 만들 수 있다. 이것은 우리에게 흥미로운 딜레마를 던져 준다. 우리는 아동들이 성적 차별이 없는 세계를 경험하기를 바라는데, 아이들은 객관적인 우리의 노력을 거스르려고 한다. 이럴 경우 교사는 어떻게 해야 할까?

먼저, 아이들이 세상을 이해하는 독특한 체계를 여러분이 이해하고 수용한다는 것을 아이들이 알게 해야 한다. 교사에게 다가와서 새로운 발견에 대한 자신의 흥분을 나누려는 그들의 마음을 언제나 개방적으로 성실하게 받아들여 주어야 한다. 그러면서도 교사는 성별에 관계없이 모든 사람에게 선택권이 주어져야 한다는 것을 그들이 이해하도록 도와야 하는 책임이 있다. 트럭 운전사 얘기에 대해 "네가 전에 여자 트럭 운전사를 한 번도 본 적이 없다는 걸 선생님도 안단다. 그래서 여자도 큰 트럭을 운전한다는 걸 이해하는 것도 쉽지 않은 거야."라고 대답할 수 있다. 그렇지 않고, 아동에게 "여자가 트럭 운전사가 되는 것도 괜찮아. 큰 트럭을 잘 운전하는 여자들이 많단다."라는 말로 설명하려다 보면 종종 "글쎄요. 그러면

안 되는데!"같은 반응을 불러일으킨다. 정형화는 어떤 일이 있어도 피해야 한다. 이러한 지침은 여성이 어떻게 특징지어지는가에 대해서 뿐만 아니라 남성이 전통적으로 남성적이라고 생각한 역할과 직업에 어떻게 그려지고 있는지에 대해서도 해당된다.

끝으로, 가능한 한 성과 무관한 언어를 사용해야 한다. 교사들은 말과 행동을 통하여 긍정적 역할 모델의 지위를 맡게 된다. 모든 사람을 지칭하는 데 있어 남성적인 단어를 선택하지 않도록 조심해야 한다. 경찰 아저씨는 경찰관으로, 소방수 아저씨는 소방관으로, 우편배달부 아저씨는 집배원으로 바꾸어 사용해야 한다. 만일 아이들이 자주 소방수 아저씨 같은 말을 사용하면, "소방수 아저씨라고 말하면 남자들만 불을 끄는 것처럼 들리는구나. 정말 그렇다고 생각하니?"하고 말함으로써 그에 대해 논의해 보게 한다. 그란 연후에 소방관이라는 말을 제시해 주고 남자와 여자가 똑같은 종류의 일을 할 수 있다는 것을 지적해 준다. 그리고 성 역할이 동등하다는 견해를 어떻게 행동으로 전달할 수 있는지를 인식해야 한다. 예를 들어, 아동들은 자기 선생님이 남성인데, 여성적인 특징이라고 생각되는 섬세함이나 따뜻함을 보여줄 때 혹은 선생님이 여성인데 남성적인 특징이라고 생각되는 단호함과 강력함을 보여줄 때, 성 역할을 좀 덜 완고하게 판단할 것이다.

요약

✔ 양성평등교육은 학생들에게 양성평등의식을 명시적, 의도적으로 가르치는 것은 물론 교사의 교수 · 학습과정을 비롯, 학교 교육활동의 구성 및 운영 전반에 걸친 교육활동이 갖는 성차별성을 파악하고 이를 부단히 개선하는 한편, 학생의 성차를 해소하기 위한 교육활동을 제공함으로써 학생이 성 정형화된 교육경험을 갖는 것을 방지하고, 더 나아가서는 전통적인 성 관계(gender relation)를 극복할 수 있는 교육경험을 갖도록 하는 것이다. 이러한 교육의 결과는 개인적으로는 사회적 성취로 이어져 가족과 사회에서의 성별 분업이 제거되고, 궁극적으로는 여성 또는 남성으로서가 아니라 하나의 인간으로서 자율적 선택에 의한 다양한 삶을 가능하게 하는 한편, 사회적으로는 가부장적 질서에 기반을 둔 위계적 성 관계가 와해되고 탈위계적 성 관계를 정립하는 데 기여한다.

✔ 양성평등교육을 위해서는 학교 교육과정과 교과서가 양성평등교육의 이념을 추구하고 여성의 역사와 사회적 발전에 관한 내용을 포함하는 양성평등 교육과정으로의 변화와 발전을 추구해야 한다.

✔ 양성평등교육이 효율적으로 실행되기 위해, 교사는 학생들이 성 차별적인 교육내용을 반성적으로 사고하고, 비판적 의식을 가질 수 있도록 도와줌으로써 성 차별적 교육내용이 가진 한계를 극복하도록 하는 문지기 역할을 수행해야 한다.

토의 과제

✔ 성별 차이란 생물학적 요인과 환경적 요인에 의해 발달되는 남성과 여성간의 차이를 말한다. 두 성간의 신체적 차이는 명백하고 보편적이지만 심리적 차이나 지적 능력 및 행동상의 차이는 모호하고 일관되지 않는 경우가 많다. 이런 이유에서 여성과 남성의 인지적, 심리사회적 특성에 대한 신화가 사람들 속에 자리 잡기 쉽다. 우리 주변에서 그러한 신화의 사례를 찾아보고, 그 문제점에 대해 토의해 보자.

✔ 성 중립적 교육이란 성차를 전혀 고려하지 않은 채, 남녀학생에게 기계적으로 동일한 교육을 제공함으로써 양성평등교육을 이루고자 하는 방식을 말한다. 이러한 방식의 문제점은 무엇인지에 대해 토의해 보자.

✔ 양성평등교육을 위해서는 학교 교육과정과 교과서가 양성평등교육의 이념을 추구하고 여성의 역사와 사회적 발전에 관한 내용을 포함하는 양성평등 교육과정으로의 변화와 발전을 추구해야 한다. 이를 고려할 때, 현행 우리나라 교육과정의 문제점은 무엇인지에 대해 토의해 보자.

✔ 교사가 남녀 학생들의 능력에 대해 가지는 성 유형화된 신념과 태도, 기대 수준은 다양한 교수 행동 속에 반영되어지게 되며 교사의 차별적 교수 행동은 학생들의 성 유형화된 행동을 강화시키거나 기존의 성차를 확대시킬 수 있다. 이와 관련하여 교사들이 유의해야 할 사항은 무엇인지에 대해 토의해 보자.

서양 교육사상 속의 양성평등

서양교육사상사에서 시간과 공간을 뛰어넘어 철학 일반은 물론 교육사상과 실제에 두루 영향을 미친 인물이 많이 있지만, 그 중에서 플라톤 (Platon, BC. 427/428~347/348), 루소(J. J. Rousseau, 1712~1778)를 빼놓을 수 없다. 그들의 대표 저작인 『국가』(Politeia)와 『에밀』(Emile)은 현대의 존 듀이(J. Dewey, 1859~1952)의 『민주주의와 교육』(Democracy and education)과 더불어 서양 3대 교육고전으로 불릴 정도로 교육사상사적 중요성이 크다.

플라톤은 일찍이 서양 관념론 철학의 이론적 체계를 구축한 사람이다. 서양철학의 역사에서 그가 갖고 있는 이런 독보적 위치와 관련하여 화이트헤드(A. N. Whitehead, 1861~1947)가 서양철학은 '플라톤 철학에 대한 각주'에 불과하다고 평했을 만큼, 현대철학에 있어서도 그의 영향력은 조금도 줄어들지 않고 있다. 말하자면 그는 "철학계의 가장 거대한 산이다. 플라톤이라는 산에서 사람들은 지혜와 진리의 등산을 하여 왔으며, 이 산골짜기에서 흐르는 물로 사람들은 영혼의 갈증을 풀어왔다."(오인탁, 1999 : 46)

다른 한편 루소는 몽테스키외(B. Montesquieu, 1689~1755), 볼테르(Voltaire, 1694~1778), 디드로(D. Diderot, 1713~1784) 등과 함께 대표적인 계몽주의 사상가로서 민주주의를 포함한 정치·사회사상의 발전에 결정적 영향을 미친 인물이다. 그는 서양 민주주의의 진정한 출발이요 단초라 할 만한 프랑스 혁명의 아버지라 불리며, 그의 주저 『사회계약론』은 바로 그 프랑스 혁명의 이론적 기초가 되었다. 또한 그는 『에밀』을 통하여 당시 보편적이었던 지육 중심의 교육에 반대하고 자연에 기초한 전인교육을 주창함으로써 서양교육의 사상적, 실제적 흐름을 바꾸어 놓았다.

여기서 양성평등교육과 관련하여 플라톤과 루소의 사상을 살펴보려고 하는 이유는, 그들이 양성평등교육과 관련해서 받고 있는 독특한 평가 때문이다. 고대의 플라톤은 많은 여성주의자들에게 혁명적인 여성해방론자요 양성평등교육자라는 평가를 받고 있다. 이에 반해서 루소는 자유와 평등을 부르짖었던 민주주자임에도 불구하고 가장 대표적인 반여성주의자요 반양성평등교육론자라는 평가를 받고 있다.

이하에서 『국가』와 『에밀』을 중심으로 양성평등교육과 관련된 플라톤과 루소의 견해를 검토해 보고자 한다.

1. 플라톤의 교육사상과 양성평등

플라톤은 현대의 양성평등론자 혹은 여성주의자들에게 가장 호평을 받는 철학자이다. 왜냐하면 그의 대표저작인 『국가』에서 남녀는 힘의 강약에서만 차이가 있을 뿐 그 외에는 어떤 차이도 없다고 주장하고 있기 때문이다. 표면적으로 볼 때, 그의 이상국가론에서 남성과 여성은 근본적인 차이가 없는 동일한 기능과 역할을 수행한다. 따라서 양성에 대한 사회적 차별은 존재하지 않으며, 여성도 남성과 동등한 이성을 가진 존재로서 참정권과 통치권을 소유하고 있다. 플라톤이 무려 2,500여 년 전의 사상가라는 사실과 그가 생존했던 그리스 사회가 철저한 계급적 가부장제사회였으며 그렇기 때문에 다른 계급사회에서와 마찬가지로 남녀간에 엄격한 위계성이 존재하고 있었다는 사실을 고려할 때, 여성주의자들이 그를 혁명적 사상가요 여성해방론자라고 평가하는 것도 크게 무리는 아닐 듯하다.

그러나 일반적 평가와 같이 플라톤을 진정한 의미의 양성평등론자라고 볼 수 있는가? 그가 말하는 남녀의 동등성 혹은 무차이성이 과연 평등성을 의미하는 것이라고 볼 수 있는가? 이하에서는 이상의 문제들을 염두에 두면서 플라톤의 『국가』의 전반적인 내용을 간략하게 검토하고, 이어서 여성에 대한 그의 견해가 비교적 잘 드러나 있는 5권의 논의를 자세히 살펴봄으로써 양성평등교육에 대한 그의 견해를 드러내 보기로 한다.

가. 플라톤의 생애와 시대상황

『국가』에 나타난 플라톤의 양성평등교육 사상을 검토하기 전에 먼저 그의 생애와 시대상황을 간략하게 살펴보는 것이 순서일 것 같다. 왜냐하면 한 사람의 사상은 그가 어떤 시대상황에서 어떤 삶을 살았는가에 따라 크게 영향을 받기 때문이다.

플라톤은 BC 427년경에 아테네(Athens) 혹은 에기나(Aegina)에서 코드로스(Codros) 왕조의 후예인 아버지 아리스톤(Ariston)과 위대한 집정관이자 개혁정치가였던 솔론(Solon)의 후예인 어머니 페리크티오네(Perilctione) 사이에서 태어났다. 게다가 30인 과두정치의 수장인 크리티아스(Kritias)와 30인 과두 중 한 사람인 카르미데스(Karmides)가 플라톤의 삼촌들이었다. 그의 이런 귀족적 혈통은 이미 그로 하여금 통치자의 길을 걷도록 운명적으로 결정해 놓고 있었다.

플라톤이 태어난 시기의 아테네는 한 마디로 격동기에 놓여 있었다. BC 492~448년까지 지속된 페르시아전쟁에서 아테네를 중심으로 하는 그리스가 승리함으로써 최고의 전성기를 누리고 있었다. 그러나 곧이어 그가 태어나기 수년 전인 BC 431년 아테네는 스파르타를 중심으로 하는 펠로폰네소스 동맹(Peloponnesian League)의 침략을 받아 27년간의 긴 전쟁에서 결국 패하고 말았다. 당시 아테네는 정치적으로 30인 과두정권에 의해 통치되고 있었다. 플라톤은 과두정권이 아테네를 정의로운 국가로 만들 것이라는 희망을 갖고 있었으나, 실제로는 폭력과 무질서가 난무할 뿐이었다. 과두

정치체제가 몰락하고 민주정치체제가 들어섰으나 선동과 파당정치로 인해, 그가 조금도 주저하지 않고 '가장 의로운 자'라고 칭하던 스승 소크라테스(Socrates, BC 469~399)가 젊은이들을 타락시키고 국가의 신을 믿지 않는다는 죄목으로 사형에 처해지고 말았다. 이에 현실정치에 대한 환멸과 죽음의 두려움을 느낀 플라톤은 아테네를 떠나 이집트(Egypt), 시칠리아(Sicilia) 등지를 12년간 떠돌아다녔다. 나이 40세가 되던 BC 387년 경 아테네로 돌아온 플라톤은 아카데미아(Academia)를 설립하여 철학과 일반 학문의 탐구와 교육에 전념하다, 81세의 나이로 세상을 떠났다.

그는 모든 저서를 대화의 형식으로 저술하였다. 그가 저술한 대화편들은 크게 세 시기로 나뉘는데, 「프로타고라스」(Protagoras), 「변명」(Apologie), 「크리튼」(Kirton) 등이 초기의 대화편에 속하며, 「메논」(Menon), 「향연」(Symposion), 『국가』(Politeia), 「파이드로스」(Phaidros)는 중기 대화편에, 그리고 「파르메니데스」(Parmenides), 「크리티아스」(Kritias), 「법」(Nomoi) 등은 노년기의 대화편에 속한다. 「프로타고라스」에서 「법」에 이르기까지 다양한 대화편을 통해 플라톤은 철학은 물론 정치학, 윤리학, 인간학, 법학, 교육학 등 매우 폭넓은 영역의 주제를 망라하여 다루고 있다.

이어서 플라톤의 양성 관련 사상의 의미를 정확하게 이해하기 위해 그가 생존하던 시대의 사회적 상황의 두 가지 측면을 살펴볼 필요가 있다. 하나는 그리스가 철저한 위계적 계급사회였다는 점과 다른 하나는 계급사회 못지않게 엄격한 가부장제사회였다는 점이다. 일반적으로 알려진 바에 따르면, 아테네는 전체 인구의 절반 정도가 시민과 그의 가족으로 구성되었으며, 나머지는 노예이거나 외국인이었다. 그런데, 시민의 가족이라 하더라도, 시민으로서의 권리는 철저하게 성인 남성에게만 한정되어 있었을 뿐 여성과 어린 아이들에게는 거의 아무런 권리도 보장되어 있지 않았다. 말하자면 여성들에게는 오직 의무만 주어질 뿐 권리가 보장되지 않았던 것이다. 따라서 여성들의 역할은 거의 전적으로 가정 내의 허드렛일로 제한되었다. 그들은 시민들에게 보장되어 있던 참정권을 가질 수 없었음은 물론 지적 교육이 오히려 여성으로서의 정숙함과 덕을 해친다는 명분하에 교육의 기회를 거의 원천적으로 박탈당하였다. 따라서 여성들은 학교에 다닐 수 없었으며 모친으로부터 길쌈 등과 같이 가사에 필요한 기본적인 기술 등만을 교육받을 수 있었다. 또한 그들은 가정 내에서 이루어지는 남성들의 모임에 참여할 수 없었을 뿐만 아니라 남성들과 자유롭게 교제나 대화를 나누기도 어려웠다. 그들에게 주어진 임무는 오직 건강한 아이를 낳는 일 뿐이었다. 시민으로서의 남편은 아이를 낳지 못하는 부인을 언제든지 내칠 수 있는 자유를 갖고 있었다. 따라서 아테네 여성들은 철저하게 남편의 소유물에 지나지 않았으며, 그런 의미에서 그들의 사회적 지위는 노예나 크게 다를 바 없었다. 요컨대, 서양문화의 원류(原流)요 전범(典範)이라고 하는 아테네에는 근본적으로 남성들만의 가정과 사회와 국가만 있을 뿐 여성들을 위한 것은 어디에서도 찾아보기 어려운 상황이었다. 이런 상황에서 여성에게 참정권을 부여하며, 남성과 동일하게 통치자, 수호자가 될 수 있게 하고, 그렇기 때문에 남성과 동등한 교육을 받게 해야 한다는 플라톤의 주장은 가히 파격적이라 할 만하다.

한편, 아테네에 비하여 스파르타에서는 여성들의 교육도 강조되었다. 아테네나 다른 도시국가에서 여성들은 가정의 울타리 속에 격리되어 자랐으며 가사 이외에는 교육을 받지 않았다. 그러나 스파르타인들은 여성교육의 가치에 대해 훨씬 분명하게 인식하고 있었다. 그리하여 여아들에게 집 밖에서 자유롭게 생활하도록 했고, 용감하고 의지 굳은 남아의 어머니로서 부족함이 없도록, 남아들과 거의 다름없는 훈련을 받도록 했다. 여아들은 그들 전용의 운동장에서 남아들과 마찬가지로 달리기, 공놀이, 원반던지기, 씨름, 노래, 춤 등을 배웠다. 스파르타 남자 군인들 못지않게 스파르타 여인들이 당시의 많은 그리스인들에게 보모나 어머니로서 명성을 떨친 것은 바로 이런 훈련 덕택이었다(이주한, 2009 : 136).

이런 점들로 보아 여성교육에 대한 플라톤의 견해는 주로 스파르타의 영향을 강하게 받아 형성된 것으로 보인다. 실제로 플라톤은 이상국가의 원형을 스파르타의 강력한 군국주의적 국가체제로부터 모방한 것이 사실이다. 플라톤은 태어날 때부터 엄격하게 선발되고 교육된 수호자들에 의해 체계적으로 다스려지는 나라, 수호자들이 질서와 절제와 검약, 용기와 자부심과 명예, 그리고 국가에 대한 무한의 희생정신으로 무장된 나라인 스파르타로부터 타락할 대로 타락한 조국 아테네를 구원할 현실적인 모델을 발견했던 것이다.

나. 플라톤의 교육사상과 『국가』

잘 알려진 것처럼, 플라톤은 소크라테스의 사상을 기초로 정치학, 윤리학, 형이상학, 인식론 등 다양한 영역에 걸쳐 관념론을 체계화하고 집대성한 철학자이다. 그가 관념론을 체계화한 데에는 아테네가 처해 있던 특수한 시대상황이 적지 않은 영향을 미쳤다. 플라톤이 살았던 시대의 상황에 대한 앞의 설명에서 유추할 수 있듯이, 아테네에는 도덕적 상대주의가 만연해 있었다. 당시 아테네에는 프로타고라스(Protagoras, BC 485?~414), 고르기아스(Gorgias BC 483~376), 트라시마쿠스(Thrasymachus, BC 459~400) 등과 같은 소피스트들이 활약하고 있었다. 그들은 당시의 정치적 상황에 편승하여 진리나 윤리·도덕의 규준에 대한 진지한 탐색보다는, 변론술을 익혀 입신출세만 하면 모든 것이 진이요 선이고 덕이라는 사고방식을 설파하였다. 이처럼 파당정치와 선전, 선동이 만연한 상황에서 진리는 객관성과 보편성을 상실한 채 개인적이고 주관적인 것으로 전락해 버렸다. 이런 시대에 보편적 진리와 지식을 모색함으로써 진정한 도덕성을 회복하고자 노력하다 죽음의 고배를 마셨던 이가 바로 소크라테스이다.

소크라테스로부터 사사 받은 플라톤도 그의 스승과 마찬가지로 진·선·미에 대한 보편적 원리를 발견하고자 하였나. 스승을 죽음으로 내몰 만큼 도덕적으로 타락해 있던 상황에서 그는 보편적 진리와 도덕성은 현실세계가 아닌 초현실세계에 존재한다고 생각할 수밖에 없었다. 그리하여 그는 영원불멸하며 이상적인 세계를 상정하고, 그 세계를 '이데아(Idea)'라고 하였다. 그에 따르면 세계는 경험의 세계인 현상계와 실재의 세계인 이데아계로 구분되어 있다. 현상계가 가변적이고 일시적이며 불완전하고 파생적인 세계라면, 이데아계는 영원불변하며 완전하고 근원적인 세계이다. 현상계가 시공에 따라 변화하기 때문에 신뢰할 수 없는 세계라면, 이데아계는 시공을 완전히 초월한 본질적 실재의 세계이므로 신뢰할 수 있는 유일한 세계이다. 따라서 이데아계는 진선미의 세계이며, 그렇기 때문에 모든 가치 판단의 궁극적 준거가 되는 세계이다. 그러므로 우리가 현실세계에서 감각과 경험을 통해 받아들이는 온갖 지식은 진정한 의미에서 지식이라 할 수 없으며, 오직 이성적 사유를 통해 정신과 영혼에서만 참된 지식을 발견할 수 있다(이주한, 280~281).

플라톤이 교육사상에 미친 영향은 거의 절대적이라 해도 과장된 표현이 아니다. 그는 개인주의의 만연, 부정부패의 횡행, 그리스 패권을 놓고 스파르타와 벌인 전쟁에서의 패배 등으로 약해질 대로 약해진 당시의 아테네를 다시 최강의 이상국가로 재건하기 위해 하나의 거대한 이념적 기획을 시도하였다. 그리고 최강의 국가, 정의와 진리가 실현된 이상국가를 세우기 위한 구체적인 방법을 바로 교육에서 찾았다. 말하자면 그는 도덕과 풍속이 무참하게 파괴되어 무질서와 혼란이 만연한 상태로부터 아테네를 구하고 진리와 정의가 통용되는 새로운 이상국가를 건설할 수 있는 길이 교육에 있다고 믿었던 것이다. 이런 신념이 구체화되어 나타난 것이 바로『국가』이다. 따라서『국가』는 이상적인 정치체제를 다룬 것이기도 하지만, 다른 한편에서 매우 체계적이고 조직적인 교육론이기도 하다.

플라톤의 철학에서 최상의 삶은 생성소멸에 의해 영향을 받지 않는 불변의 본질, 즉 실재를 이성적 사유를 통해 인식하고, 그 실재에 따라 살아가는 것이다. 그리고 이상적인 국가란 바로 그 이성을 지닌 철인이 통치하고 다스리는 국가이다. 왜냐하면 이성을 지닌 철인이야말로 정의로운 존재이며, 그 정의로운 사람이 국가를 통치할 때 정의로운 국가의 실현이 가능하다고 보았기 때문이다. 따라서 플라톤 철학에서 정의는 가장 핵심적인 문제이며, 『국가』를 통해 정의의 본질, 정의로운 국가, 정의로운 사람, 정의로운 사람을 출산하고 양성하며 교육하는 과정 등을 상세하게 다룸으로써 '사람이 어떻게 사는 것이 진정으로 훌륭하게(혹은 올바르게, 정의롭게) 사는 것인가'에 답하고자 하였다. 『국가』의 부제가 '정의에 대하여'로 붙여진 이유도 여기에 있다.

『국가』는 모두 10권으로 구성되어 있는데 모두 대화의 형식으로 이루어져 있다. 플라톤은 『국가』에 소크라테스를 비롯한 여러 명의 대화자들을 등장시켜 자신의 견해를 대화의 형식으로 풀어나간다. 각 장의 내용을 간략하게 소개하면 다음과 같다.

제1권에서 플라톤은 소크라테스와 트라시마코스의 대화를 통해 올바름, 즉 정의가 무엇인지의 문제를 다룬다. 특히 이 장에서 그는 정의의 부수적 속성이 아닌 '정의 그 자체', 즉 정의의 본질에 관심을 갖는다. 트라시마코스가 정의는 '더 강한 자의 편익(便益)'이라고 규정하자, 소크라테스는 정의가 '편익이 되는' 점은 인정하면서도 그것이 '강한 자의 편익'일 수는 없다고 반박한다. 그리고 '잘 사는 것'이란 '훌륭하게 사는 것'인데, 올바르게 사는 것이 '잘 사는 것'인 반면, 올바르지 못하게 사는 것은 '잘못 사는 것'임을 사람의 훌륭한 상태와 관련지어 설명한다.

제2권에서 플라톤은 1권에 이어 계속 정의의 본질을 밝히는 일에 몰두하는데, 편의상 개인보다는 규모가 큰 국가에서 시작한다. 그는 소크라테스를 통해 국가가 확장되는 과정에서 동일한 상황에 있는 다른 국가들과의 전쟁이 불가피하며, 그리하여 국가를 지키고 다스릴 수호자들이 필요하게 되는데 이들이 수행해야 할 일은 다른 어떤 일보다 더 중요하며 전문적인 것이라고 역설한다. 그리고 수호자에게 요구되는 자질은 무엇보다 지혜를 사랑하는 것이므로, 수호자의 성향에 적합한 아이들을 선발하여 어릴 때부터 교육해야 하며, 교육은 특히 시가(詩歌)로부터 시작해야 한다고 주장한다.

제3권에서는 수호자들을 위한 교육이 보다 구체적으로 상술된다. 시가교육의 내용과 방법을 변론한 후, 플라톤은 체육교육을 도입할 것을 제안한다. 시가와 체육을 통해 혼(魂)의 격정적인 측면과 지혜를 사랑하는 측면의 조화를 꾀하기 위해서이다. 특히 이 장에서 플라톤은 수호자는 국가의 일에는 열성적이면서도 재산을 사적으로 소유하거나 개인의 집을 갖거나 하는 등 일체의 개인적인 일에는 초연해야 한다고 역설한다.

제4장에서는 정의로운 삶의 의미를 논의한다. 플라톤은 완벽하게 훌륭한 국가에는 지혜, 용기, 절제를 가진 사람들이 있다고 하면서 각각의 특성이 어떤 사람들에게 존재하는지를 논변한다. 나아가 정의로운 상태는 국가를 구성하는 세 부류의 사람들이 각자 자신의 능

력과 특성에 맞는 일에 종사할 때 실현 가능하다고 결론을 내리고, 각 개인의 혼에도 이 세 부분이 있음을 긴 논의를 통해 확인한다.

제5권에서는 처자의 공유와 결혼 및 출산 문제와 남녀의 평등 문제에 대한 논의가 전개된다. 플라톤은 남녀는 그 근본에 있어서 차이가 없으므로 여성도 남성과 마찬가지로 수호자가 될 수 있으며, 수호자들은 개인의 이익을 추구해서는 안 되므로 모든 것을 공유해야 한다는 의견을 피력한다. 여기에는 당연히 아내나 자식의 공유(남편이나 부모의 공유)까지도 포함된다. 그리고 공유의 문제는 결국 공동 관여의 문제로 귀착되므로 출산이나 육아, 교육 등도 공동으로 이루어져야 한다.

제6권에서는 철인통치론이 다루어진다. 즉, 훌륭한 국가는 철인에 의해 다스려져야 하는데, 철인들이 추구하는 앎은 국가 경영의 '본(本)'이라 할 수 있는 실재에 대한 것이기 때문이다. 이 논의 과정에서 '가장 큰(중요한) 배움'인 선의 이데아와 태양의 비유, 선분의 비유 등이 다루어진다.

제7권에서는, 앞 권의 태양의 비유, 선분의 비유에 이어, 동굴의 비유를 통해 실재의 세계와 현실의 세계에 대한 설명이 전개된다. 플라톤은 철학이란 실재(이데아)를 인식하는 것인데 이는 결코 쉽지 않은 일임을 전제하고, 철인이 되기 위해 반드시 거쳐야 할 교육의 과정에 대해 언급한다. 즉, 예비교육의 단계와 그에 따른 교과, 변증술 훈련 단계, 그리고 오랜 기간 동안의 실무경험 단계, 그리고 마지막으로 선의 이데아를 인식한 철인이 되는 단계 등이다.

제8권에서는 잘못된 유형의 국가체제들에 대한 논의가 이루어진
다. 잘못된 국가체제들은 우생학적으로 훌륭한 자질을 가진 아이들
의 출산에 실패하여 통치자들 속에 이질적 성향을 지닌 자들이 섞
이게 됨으로써 비롯된다는 점을 피력하면서, 거기에 속하는 체제의
예로 명예체제, 과두체제, 민주체제, 참주체제 등을 논한다.

제9권에서는, 명예체제, 과두체제, 민주체제와 닮은 사람의 특성
에 대해 언급했던 8권에 이어, 참주체제를 닮은 사람이 어떻게 태어
나며 어떤 특성을 지녔는지를 논의한다. 이 과정에서 참주체제를 닮
은 사람이야말로 가장 비참하고 올바르지 못한 사람으로서 최선의
인간인 철인 치자와 가장 극명하게 대비된다는 점 등을 논한다.

마지막 제10권의 전반부에서는 이상적인 국가에서는 종래에 시
(詩)가 떠맡았던 교육을 이제는 철학이 떠맡아야 한다는 점을 논의
한다. 그리고 후반부에서는 먼저 영혼의 불멸에 대해 언급한 후,
올바른 삶, 덕이 있는 삶에 대한 보상이 생전은 물론이고 사후에도
올바르지 못한 삶에 비해 매우 크다는 점을 언급한다.

다. 『국가』 속의 양성평등교육

앞에서 이미 언급했듯이, 양성평등교육에 대한 플라톤의 견해가
가장 잘 드러나 있는 부분이 바로 『국가』 제5권이다. 여기에서 나
타난 플라톤 견해의 핵심은 '여성이 남성과 동일한 의무를 가져야
한다면 남성과 동일한 양육과 교육을 받아야 한다'는 점이다.

플라톤은 소크라테스를 통해 『국가』 제5권 앞부분에서 여성의 역

할을 감시견(監視犬)의 역할에 비유하여 다음과 같이 질문한다.

> 감시견들의 암컷들은 수컷들이 지키는 것들과 똑같은 것들을 함께 지켜야 하고, 사냥도 함께 하며, 그 밖의 것들도 공동으로 해야만 한다고 우리는 생각하는가? 아니면 암컷들은 강아지들의 출산과 양육 탓으로 그런 일들을 할 수 없는 것들로서 집 안에만 머물게 하는 한편, 일을 하고 양떼에 대한 모든 보살핌을 떠맡는 것은 수컷들이어야만 한다고 우리는 생각하는가?(『국가』 451d)

플라톤은 우리가 밖에서 양떼를 지키거나 집안에서 새끼를 낳는 감시견의 역할을 구분할 때 수컷과 암컷이라는 성을 기준으로 삼지는 않는다는 상식을 근거로 삼아 능력과 성향이 중요한 준거가 되어야 한다는 답변을 끌어내고자 한다. 이런 의도에 맞게 소크라테스의 대화상대자인 글라우콘은 다음과 같이 답변한다.

> 모든 것은 공동으로 해야만 합니다. 우리가 여성은 한결 힘이 약하나, 남성은 한결 힘이 센 것들로 대하는 것만 제외하고는 말씀입니다(『국가』 451e).

이어서 플라톤은 '어떤 동물이든 동일한 목적에 이용하려면 동일한 양육과 교육을 받게 해야 한다'고 주장하면서 '여성들을 남성들과 동일한 목적에 이용하려면 여성들에게도 (남성들과) 같은 것을 가르쳐야 한다'는 사실을 논증한다. 나아가 아테네 남성들에게 시가와 체육을 가르치고 있으므로 여성들에게도 시가, 체육을 가르쳐야 한다고 주장한다.

그런데 여기서 중요한 걸림돌이 하나 있다. 당시 아테네에서는 레슬링, 권투, 투창, 원반던지기 등 신체단련을 위한 체육을 김나지움(gymnasion)과 같은 도장에서 가르쳤는데, 그 훈련은 주로 상체를 벗고 하는 것이 관례였다. 이런 당시의 관례에 비추어볼 때 여성들이 상체를 벗은 상태로 체육에 임하는 것은 매우 해괴한 일일 수밖에 없었다.[1] 그러나 플라톤은 눈으로 보기에 우스꽝스럽고 해괴한 것은 지엽적인 문제에 불과하며, 중요한 것은 근본적 문제라고 전제하며 본격적으로 남성과 여성의 근본적 특성의 문제를 논의하기 시작한다. 플라톤이 여기서 남성과 여성의 근본적 특성을 논의하고자 하는 것은, '여성에게도 남성과 동일한 것을 가르쳐야 한다'는 주장이 논리적으로 타당하기 위해서는 '여성을 남성과 동일한 목적에 이용해야 한다'는 명제가 참이어야 하며, 그러기 위해서는 여성이 남성과 동일한 본성을 소유하고 있다는 점을 논증하지 않으면 안 되기 때문이었다.

그는 남성과 여성의 본성이 동일하다는 점을 의사, 제화공, 제빵사 등의 예를 들어 증명한다. 나아가 국가를 경영하는 일에서 남성과 여성은 하등 다를 바가 없다는 다음과 같은 결론에 도달한다.

---

1) 'gymnasion'의 어원은 '벗은 상태'를 의미하는 'gymnos'이다. 따라서 김나지움은 웃통을 벗고 신체단련을 하는 곳을 의미하며, 주로 청소년들의 신체단련을 위해 도성 외곽에 시냇물이 흐르는 곳에 설치되어 있는 학교였다. 대개의 경우 달리기를 위한 트랙이나 레슬링 도장, 목욕탕, 탈의실 등을 구비하고 있었으며, 경우에 따라 승마, 투창, 원반던지기와 같은 훈련이 이루어지기도 했다.

나라를 경영하는 사람들의 일로서 여자가 여자이기 때문에 여자의
것인 것은 없고, 남자가 남자이기 때문에 남자의 것인 것도 없다네.
오히려 여러 가지 성향이 양쪽 성의 생물들에 비슷하게 흩어져 있어서,
모든 일에 여자도 '성향에 따라' 관여하게 되고, 남자도 모든 일에 마찬
가지로 관여하게 되는 걸세. 하지만 이 모든 경우에 여자가 남자보다
힘이 약하기는 하이(『국가』 455d~e).

말하자면 국가를 경영하는 일이 남성에게만 적합하고 여성에게
는 전혀 적합하지 않은 것이 아니라, 남성들과 마찬가지로 어떤 여
성은 의술에 능하지만 다른 여성은 그렇지 못하고, 어떤 여성은 시
가에 능하지만 다른 여성은 그렇지 못할 뿐이라는 것이다. 같은 논
리로 어떤 여성은 통치에 능하나 다른 여성은 그렇지 못한 경우만
있을 뿐이지, 여성 자체가 통치에 능하지 못한 것은 아니라는 것이
플라톤의 견해이다.

한 여자는 수호자의 자질도 갖추었으나, 다른 여자는 그렇지 못
하다네. 우리가 선발한 수호자다운 남자들의 성향도 이런 게 아니었
던가?(『국가』 456a)

그러므로 여자고 남자고 간에 나라의 수호와 관련해서는 그 성향이
같다네. 그만큼 더 약하거나, 그만큼 더 강하다는 점을 제외하고서는
말일세(『국가』 456a).

따라서 플라톤은 국가의 수호에 적절한 특성을 지닌 여성들은 그
런 남성들과 마찬가지로 국가 수호자로 선발되어야 한다고 주장한

다. 즉, "이런 부류의 여자들은 이런 부류의 남자들과 함께 살며 함께 나라를 수호하도록 선발되어야만 하네. 그들이 능히 그럴 수 있고 성향에 있어서도 남자들과 동류이니까 말일세."(『국가』 456b) 이렇게 볼 때 여성들에게 시가는 물론 남성들과 동일하게 체육교육을 받도록 하는 것이 자연의 이치에 전혀 어긋나지 않는 일이며, 오히려 여성들을 가사노동이나 출산에만 붙들어 놓는 일이 자연의 이치와 원리에 어긋나는 일인 셈이다. 이런 이유로 플라톤은 여성들이 웃옷을 벗고 레슬링을 하는 모습을 보고 비웃는 사람들은 '설익은 웃음의 열매를 따고 있는' 것과 마찬가지로 어리석은 일이라고 비난한다.

플라톤은 남성과 여성은 본성상 다르지 않으므로 여성도 남성과 마찬가지로 수호자가 될 수 있으며, 그렇기 남성과 동일한 교육을 받아야 한다는 논증에 이어 처자 공유론을 전개한다. 이와 관련된 언급이 이미 4권에서 간략하게 이루어지는데, 그것은 다음과 같다.

> 훌륭하게 교육을 받음으로써 절도 있는 사람들로 될 것 같으면, …
> 아내들의 소유나 혼인 또는 출산 등, 이 모든 것, 속담에 따라, 최대한
> 으로 '친구들의 것들은 공동의 것'으로 만들어야만 된다(『국가』 423e).

『국가』 제5권은 바로 4권에서 제기된 처자 공유, 공동 출산 및 육아, 교육과 관련된 주장을 아데이만토스가 소크라테스에게 집요하게 따져 묻고, 그에 대해 답하는 과정이다. 처자 공유와 관련하여 5권에서 플라톤은 더욱 명시적으로 밝히고 있다.

　　이들 모든 남자의 이들 모든 여자는 공유하게 되어 있고, 어떤 여자
　도 어떤 남자와 개인적으로는 동거하지 못하게 되어 있다네. 또한 아이
　들도 공유하게 되어 있고, 어떤 부모도 자기 자식을 알게 되어 있지
　않으며, 어떤 아이도 자기 부모를 알게 되어 있지 않다네(『국가』
　457c~d).

　　플라톤이 처자를 공유해야 한다고 주장하는 근거는 이상적인 국
가야말로 모든 면에서 최고, 최선이어야 한다는 점에 있다. 말하자
면 이상국가를 다스리는 수호자들은 가장 정의롭고 가장 훌륭한 자
들이어야 하며, 출생부터 가장 훌륭한 상태로 태어나야 하고, 가장
훌륭하게 양육, 교육되어야 한다. 그러므로 우생학적 측면에서 수
호자는 최상급의 남녀 사이에서 태어난 자여야 한다. 따라서 남녀
의 성적 관계가 무질서하거나 개인적 차원에서 이루어져서는 안 되
며, 공적 이익을 위해 엄격한 통제 하에서 질서 있게 이루어져야
한다. 이를 위해 "최선의 남자들은 최선의 여자들과 가능한 한 자
주 성적 관계를 가져야 하지만, 제일 변변찮은 남자들은 제일 변변
찮은 여자들과 그 반대로(가능한 한 적게) 관계를 가져야 한다(『국
가』 459d~e)". 또한 최선의 남녀 사이에서 태어난 자식들은 양육
되어야 하지만, 그 반대의 경우는 그럴 필요가 없다. 플라톤은 이
렇게 처자가 공유되고, 남녀의 성적 관계가 공적으로 통제될 경우,
최상급의 이상국가에 필요한 최상급의 수호자들을 안정적으로 확보
할 수 있다고 보는 것이다.

　　물론 이런 생각의 배경에는 플라톤의 정의관이 전제되어 있다.
그에게 있어 정의로운 국가는 여러 개로 분열된 국가가 아니라 '하

나'로 통합되어 있는 공동의 국가이며, 가능하기만 하다면 최대한으로 공유된 국가이다. 따라서 "입법자로서, 남자들을 선발했던 것처럼, 마찬가지로 여자들도 선발해서, … 이들은 공동의 주거를 가지며 공동 식사도 하고, 그 누구도 그와 같은 것을 전혀 개인적으로 소유하지 못하므로, 함께 살 것이며, 체육 훈련이나 그 밖의 양육에 있어서도 함께 어울리게 되어"야 한다(『국가』 458c). 이상국가에 있어서 통합이나 공유에 대한 그의 열망이 이렇게도 강렬했던 것은, 이미 앞에서 언급한 바와 같이, 당시 정치가들이 여러 갈래로 분열되어 파당정치와 선동정치를 일삼음으로써 조국 아테네가 점차 몰락의 길로 치닫고 있음을 직시했기 때문이다.

플라톤의 처자 공유론은 자연스럽게 공동 육아 및 교육의 문제로 연결된다. 플라톤이 제안하고 있는 교육은 크게 다섯 단계로 이루어지는데, 각 단계와 내용, 방법 등은 남녀를 완전히 막론한다.

제1단계는 예비교육단계이다. 가장 훌륭한 남녀 사이에서 태어난 아이는 태어나자마자 부모의 손에서 벗어나 특정 지역에 별도로 거주하는 양육자들에 의해 길러진다. 그 과정에서 당연히 누가 누구의 부모이며 자식인지는 철저하게 비밀에 부쳐진다. 7세까지 놀이와 동화의 세계에서 성장하다가, 7세가 되면 사전에 치밀하게 계획된 본격적 교육을 받기 시작한다. 이 시기 교육의 목적은 정신과 신체의 조화로운 발달과 국가 시민으로서 필수적인 기초 공동생활 능력의 함양에 있다. 주요 교육과정은 체육과 음악으로 구성된다. 체육은 달리기, 넓이뛰기, 레슬링, 수영, 승마, 창술, 검술, 활, 원반던지기, 진지구축, 사냥 등으로 구성되는데 신체 훈련, 심성 훈련, 전투에 필요한 기초훈련을 목표로 한다. 음악은 노래, 운율, 문학, 문법, 쓰기, 읽기 등으로 구성되는데, 정신과 영혼의 도야를 주요 목표로 한다.

제2단계는 기초교육단계로서, 약 10세에서 16세까지의 시기이다. 이 단계에서는 실제 생활에 필요한 기초적인 지식과 기술들을 익히는 것을 목표로 하며, 주요 교육과정은 1단계에서 다루었던 체육과 음악을 더욱 심화시킨다. 더불어 시문학, 기하, 산술, 천문학의 기초를 학습한다. 2단계의 교육을 마치고 일종의 선발시험을 거치게 되는데, 더 이상의 교육이 필요하지 않은 학생들은 사회에 배출되어 생산활동에 종사하게 된다.

제3단계는 군사교육단계로서, 1차 선발시험에서 지속적인 교육이 필요하다고 평가된 학생들을 대상으로 약 20세까지 지속된다. 이 시기의 주요 교과목은 군사학이다. 군사훈련은 주로 실습을 통해 이루어지는데, 국가 방위에 필요한 군사적 덕목과 능력이 집중적으로 함양된다. 이 과정을 마치면 다시 선발시험을 거치게 되는데, 더 많은 교육이 필요한 우수한 학생들은 다음 단계의 교육을 받게 되고, 그렇지 않은 학생들은 군인으로 선발되어 국가 방위에 종사하게 된다.

제4단계는 전문교육단계이다. 약 30세까지 지속되는 이 단계의 교육에서는 주로 이론을 학습하는데, 문법, 수사학, 산술, 기하학, 천문학, 화성학, 변증법 등을 순차적으로 학습한다. 이 단계를 통해 학생들은 언어적 측면, 수학적 측면, 철학적 측면에서 심도 있는 도야와 훈련을 거치게 된다. 제4단계가 완료되면 학생들은 3차 선발시험을 거쳐야 하는데, 더 이상의 교육이 필요하지 않다고 평가되는 경우 고위 방위직이나 중간 관리직으로 진출하게 된다. 그리하여 개인의 사적 목적을 위해서가 아니라 국가와 공동체의 공적 목적을 위해 국가를 방위하거나 관리하는 일에 종사하게 된다.

마지막 5단계는 최고 통치자를 교육하는 과정이다. 약 50세가 될 때까지 철학적 문답법을 지속적·반복적으로 연습함과 동시에 다양한 직책을 순회하면서 통치자에게 요구되는 자질을 실습을 통해 훈련한다. 이 단계를 성공적으로 마치고 50세가 넘어야 비로소 철인수호자로서 국가 통치에 전념하게 된다.

라. 논의 : 플라톤은 양성평등론자인가?

앞에서 필자는 플라톤을 진정한 의미의 양성평등론자라고 볼 수 있는가, 그리고 그가 말하는 남녀의 동등성 혹은 무차이성이 과연 평등성을 의미하는 것이라고 볼 수 있는가라는 문제를 제기한 바 있다. 이상에서 살펴본 내용을 바탕으로 이 질문에 대해 답할 차례인 것 같다.

플라톤 사상에서 남성과 여성은 완전히 동일한 존재이다. 다만 차이가 있다면 '남성은 아이를 생기게 하고, 여성은 아이를 낳는다'(『국가』 454c)는 점뿐이다. 따라서 플라톤에게 있어서 생물학적 성(sex)은 오직 다음 세대를 생산하는 점 외에 아무런 의미도 가치도 없다. 말하자면 남성성과는 다른 여성 고유의 성적 특성, 즉 여성성은 플라톤 사상에서 더 이상 존립할 여지가 없는 것이다. 그렇다면 여성성과 대비되는 남성성은 어떠한가? 놀랍게도 양성평등론자로 평가되는 플라톤의 사상에서 남성성은 그대로, 그야말로 '고스란히' 존립한다. 그는 사실 남녀의 평등을 여성으로부터 여성성을 제거함으로써, 즉 탈 여성성의 방식을 통해 구현하고 있다. 다시 말해 여성성 그 자체가 남성성과 동등한 가치와 의미를 갖고 있음을 논증함으로써가 아니라, 여성으로부터 여성성을 벗겨내고 여성을 남성화함으로써 양자 간의 성적 평등을 구현해 내는 방식에 의존하고 있는 것이다. 따라서 플라톤 사상에서 남성과 여성이 동등하게 나란히 존재하는 것이 아니라, 여성의 정체성이 희석되거나 어디론가 사라진 채, 오직 남성 하나의 성만이 존재하고 있다고 할 수 있다. 이런 점에서 보면, 과연 플라톤을 여성해방론자요 양성평등론자라고 평가하는 것이 적절한지 의심스럽다.

물론 플라톤이 당시의 남성 중심적 가부장제에 정면으로 도전하고, 그리하여 여성들도 이성적일 수 있으며, 그렇기 때문에 최고의 국가수호자 혹은 통치자의 반열에 오를 수 있음을 논증함으로써 여성의 사회적 지위를 최소한 이념적 차원에서만큼은 놀라울 정도로 격상시킨 것은 분명한 사실이다. 그럼에도 불구하고 플라톤의 주요 관심은 여성의 권익 혹은 남성과 여성의 평등적 관계에 있었다고 해석하기 어렵다. 즉, 그의 주요 관심은 이상국가의 수호자와 그에게 요구되는 자질, 그리고 그를 어떻게 길러낼 것인가에 집중되어 있었다. 이런 문제에 대한 그의 견해를 피력하는 과정에서 정의의 실현을 위해 수호자들의 공유가 필연적이며, 집이나 토지 혹은 가축과 마찬가지로 수호자들이 모두 공유해야 할 대상으로 여성이 언급되었을 뿐이다. 여기에서 여성은 집, 토지, 가축 등과 함께 공유해야 할 공동의 재산이 된다. 더욱이 여성 공유의 이유가 여성의 뛰어남보다는 뛰어난 수호자를 낳기 위함에 상대적으로 더 큰 비중이 두어진다.

진정한 양성평등은 남성과 여성 모두가 인간으로서 소유하고 있는 보편적 특성에 기초하되, 남성은 남성대로, 여성은 여성대로 서로에 의해 희석되지 않는 고유하고 특수한 가치가 온전히 인정되고 존중받을 때 가능할 것이다. 이런 관점에서 볼 때 플라톤의 사상은 지나치게 양자가 공유하고 있는 보편적 특성에 의존할 뿐 여성의 특수성을 거의 전적으로 무시하고 있다는 점에서, 더 정확하게는 여성성은 배제해 버린 채 남성성을 인간의 보편성으로 일반화시키고 있다는 점에서 진정한 의미의 양성평등적 성격을 갖고 있다고 보기 어렵다. 따라서 플라톤의 사상은 표면적으로는 매우 양성평등적인 것으로 보이지만, 그 본질에 있어서는 다른 어떤 남성 중심적 사상들 못지않게 반여성적 특성을 은밀하게 내포하고 있다.

2. 루소의 교육사상과 양성평등

서양교육사상가들 중에서 평등교육, 민주주의 교육, 아동중심교육과 관련하여 루소만큼 호평을 받는 이도 드물다. 동시에 양성평등교육과 관련하여 그만큼 혹평을 받는 이도 드물다. 계몽주의 시대의 사회사상가로서 『인간불평등기원론』이나 『사회계약론』 등을 통해 급진적인 민주주의 사상을 주창함으로써 프랑스혁명의 이론적 토대를 제공했을 뿐만 아니라, 이후 민주주의 발달에 지대한 공헌을 하였다. 또한 아동 중심적 교육관을 매우 독창적으로 제시한 『에밀』을 통해 아동을 성인의 손에서 구해내어 그 자체의 존엄성과 가치를 사상적으로 단단히 다져놓음으로써 이후 서양교육의 거대한 흐름을 바꿔놓았다.

그러나 에밀의 배우자 소피의 교육을 다룬 교육소설 『에밀』 5권에 나타난 그의 여성관은 보수적 관점을 탈피하지 못하고 있다고 평가받는다. 그리하여 그는 여성주의자 혹은 여권운동가들 사이에서 가장 전형적인 봉건적인 인물로 비난을 받곤 한다. 가령 이정은(2007)은 루소의 여성관 혹은 여성교육관과 관련하여 "남성 에밀의 배우자로서이지, 여성 자체를 위한 것은 아니다. 여성 교육은 출발부터 남성을 위한 것이고, 남편에 의한 교육으로 완성된다."(118)고 진단하고, "루소의 여성관과 여성 교육 방법에 따라 학생들을 가르친다면, 현대 사회의 변화된 여성의 삶을 담아내기가 어렵고, 오히려 여성의 종속과 여성성에 휘말리는 역효과가 생길 것이다."(124)고 비판하고 있다. 이런 비판에 기초할 때, 루소는 분명 반여성주의자요 반여성교육론자임에 분명해 보인다.

그렇다면 부자와 빈자, 성인과 아동, 교사와 학생의 관계에서는 평등을 그렇게도 강조했던 루소가 남성과 여성의 관계에서만큼은 정반대로 불평등을 정당화하게 된 이유는 무엇일까? 많은 사람들의 평가처럼 루소는 진정한 반양성평등론자인가? 이런 질문을 염두에 두면서 이하에서는 양성평등교육과 관련된 루소의 견해를 살펴보기로 한다.

가. 루소의 생애와 시대상황

루소는 1712년 소위 칼뱅(J. Calvin, 1509~1564)과 볼테르와 루소의 도시라고 불리는 제네바(Geneva)에서 태어났다. 그의 어머니는 그를 낳은 지 며칠 만에 산고로 인해 세상을 떠났다. 루소는 어머니의 사랑을 전혀 받을 수 없었지만, 대신 아버지나 친척들로부터 극진한 사랑을 받으면서 성장하였다. 특히 어린 시절 아버지와 함께 닥치는 대로 독서를 하거나 자유롭게 숲을 산책하며 남다른 상상력과 감수성을 익혔다.

그러나 10세가 되던 해 아버지가 한 폭력사건에 연루되어 투옥될 위기에 처하자 제네바에서 도망치면서부터 루소의 행복한 생애는 갑자기 달라지기 시작하였다. 아버지가 떠난 후 루소는 랑베르시에(Lambercier) 목사 밑에서 2년여간 교육을 받았고, 13세에 공증인 사무실의 서기와 판각 공장의 견습공으로 일하다가 16세에 제네바를 떠나 이곳저곳을 방랑하였다. 그러다가 16세에 그의 삶에 가장 결정적인 영향을 미친 사건을 겪게 된다. 미모와 지성과 부를 겸비하고 루소보다 12년 연상인 봐랑부인(Louise de Warens)을 만난 것이 그것이다. 루소는 그후 12년 동안 봐랑부인과 때로는 모자관계로, 때로는 애인관계로 살았다. 이 이중적인 관계는 감수성 강한 루소에게 더 없는 행복과 인생의 희열을 맛보게 해주기도 했지만 동시에 "마치 근친상간(近親相姦)의 죄를 범한 느낌"(박순만 역, 1991 : 154)을 갖게 하기도 하였다. 루소는 젊은 시절 그녀의 경제적 후원을 받으면서 종교, 음악, 문학, 철학 등 다양한 영역에서 계몽주의적 교양과 지식을 쌓아나갔다. 뿐만 아니라 종종 봐랑을 떠나 무려 14가지의 직업을 전전하면서 숱한 여인들을 편력하며 무질서한 사랑행각에 빠지기도 하였다. 그렇게 치열하고 복잡한가 하면 때로는 문란하기까지 했던 삶을 살다가 몸과 마음이 지치면 언제든지 다시 봐랑부인을 찾아 안식을 취하곤 하였다. 이처럼 봐랑은 루소에게 기쁨이자 고통이었고, 더할 나위 없이 안락한 휴식처임과 동시에 너무도 생소한 이방의 세계였던 것이다.

30살이 되던 1741년 '나르시스'(Narziss)라는 희곡이 프랑스 학술원으로부터 호평을 받아 명성을 얻게 된 루소는 학술원의 소개로 여러 문학살롱에 발을 들여놓을 수 있었다. 그리고 그것을 계기로 당시 계몽주의 학자의 대표격인 디드로 등과 교분을 쌓기 시작하였다. 그러던 루소는 자신이 머물던 호텔의 세탁부였던 테레즈(Therese Levasseur)와 만났다. 그녀와의 사이에서 5명의 아이를 낳게 되었지만, 양육능력이 없어 모두 고아원에 내다버렸다. "부랑배나 사기꾼으로 만들기보다는 노동자나 농민이 되도록 하는 편이 공민으로서의 또는 어버이로서의 의무를 다하는 것이라고 생각하였다. … 나는 그렇게 하는 것이 아이들을 그 아버지의 운명으로부터 지켜주는 것이라고 생각하였다.”(박순만 역, 1991 : 249)는 변명에도 불구하고, 이 사건은 그야말로 운명처럼 루소를 한 평생 오명으로 따라다녔다.

37세였던 1749년 드디어 루소의 천재성이 드러난 사건이 발생하였다. 디드로를 방문하기 위해 가던 도중 우연히 한 잡지에서 루소는 디종(Dijon)아카데미가 내건 논문 현상공모를 발견하게 된다. 제목은 ‘과학과 예술의 발전은 풍속을 타락시키는 데 더 기여했는가 아니면 순화하는 데 더 기여했는가?’였다. 이를 본 순간의 느낌을 루소는 “그것을 보는 순간, 나는 내 눈앞에 새로운 세계가 전개됨을 의식하게 되고, 나는 아주 딴 사람처럼 되어버렸다.”(박순만 역, 1991 : 245)고 술회하고 있다. 이 논문은 엄청난 반향을 불러일으켰고, 루소를 일약 파리의 유명인사로 만들었다. 「학문예술론」으로 알려진 이 논문을 시작으로 그는 『인간불평등기원론』, 『사회계약론』, 『신엘로이즈』, 『에밀』, 『참회록』 등 다양한 글을 남겼다. 특히 『학문예술론』과 『인간불평등기원론』에서는 서구문명에 대한 근본적인 비판을 시도하였으며, 『사회계약론』에서는 주권재민의 민주주의 사상을 체계적이고 심도 있게 다룸으로써 후일에 프랑스혁명의 이론적 지도서로 활용되었다. 그리고 연애소설 『신엘로이즈』에서는 음악, 종교, 자연, 여성 등에 대해 자유분방하고도 독창적으로 다룸으로써 낭만주의 문학의 선구가 되었다. 또한 교육론 『에밀』에서는 자연주의에 기초한 독특한 교육방법과 이상적 인간상을 제시하여 이후 교육사상 및 실제에 필적할 만한 예를 찾기 어려울 정도의 영향을 미쳤으며, 『참회록』은 아우구스티누스(A. Augustinus,

354~430), 톨스토이(L. N. Tolstoi, 1828~1910)의 자서전과 함께 서양 3대 자서전으로 손꼽히고 있다.

그러나 1762년 당시의 복잡한 정치 및 종교상황으로 인해 파리와 제네바 등에서 『사회계약론』과 『에밀』이 금서로 지정되고 루소 체포령이 떨어졌다. 그리하여 루소는 생명의 위협 속에서 가명을 사용하며 끊임없이 도주하는 참담한 생활을 하다가 결국 1778년 66세의 나이로 세상을 떠났다.

17세기 이후 유럽은 프랑스를 필두로 절대주의 군주정을 채택하고 있었다. 절대주의 정치체제는 중앙집권적 통일국가였다는 점에서 중세의 분권적 봉건국가와는 다르나, 시민들의 정치적·사상적 권리를 인정하지 않았다는 점에서 아직 근대국가라고 볼 수 없는 일종의 과도기적 국가체제였다. 당시 대부분의 군주들은 왕권신수설(王權神授說)을 바탕으로 절대적인 정치권력을 장악한 채 중상주의, 중앙집권적 관료체제, 상비군 편성 등과 같은 부국강병책을 실시하고 있었다. 그리하여 영국, 오스트리아, 프로이센, 러시아, 프랑스 등 유럽의 중심국가들은 서로 치열한 경쟁과 대립 구도를 형성하고 있었다. 그 한편에서 시민계급의 대두와 자연과학의 발달을 배경으로 계몽주의 사상이 발달하였다. 계몽주의는 합리적 비판정신에 입각하여 종교·정치·사회 등 모든 영역에서 전통과 인습의 속박으로부터 벗어나려는 18세기의 개혁사상이다. 이 계몽사상의 발달과 축을 같이 하여 국가는 신이나 군주의 의지가 아니라 국민의 의지에 의해 형성된다는 사상이 확대됨으로써 절대왕정에 대한 비판의식이 점차 고조되고 있었다. 루소는 바로 이렇게 절대주의와 계몽주의가 일대 격돌을 앞두고 있던 18세기 초반에 태어나 시대적 소용돌이 속에서 성장하게 되었던 것이다.

이어 18세기 유럽의 사회상황을 여성들의 권익과 교육을 중심으로 간략하게 살펴보기로 한다. 18세기 유럽사회의 양성평등문제는 오늘날에 비추어 볼 때 참으로 참혹한 상황이었다. 그 시대는 절대주의가 최고조로 발달한 시대로서 가부장제로 인해 여성들은 거의 전적으로 남성의 부속물에 지나지 않았다. 무지몽매한 앙시앙레짐(ancien regime)의 비합리성을 타파하려는 거대한 물결 속에서도 여성은 여전히 미개한 존재로 남아 있었고 남성에 종속된 상태에 만족하는 것이 미덕으로 여겨졌다. 여성들은 가정에만 붙박인 채 어떤 자유도 사회적 권리도 인정받지 못하던 시대였다. 전설적인 발레리나 마리 카마르고(M. Camargo, 1710~1770)2)가 입었던 겨우 발목을 드러내는 정도의 무대의상조차도 풍기문란으로 사회적 고발이 이루어졌던 시대가 바로 유럽의 18세기였다. 여성참정권에 대한 논의도 겨우 18세기 말 프랑스혁명과 함께 시작되었다. 프랑스에서 루소가 세상을 떠난 지 한참 뒤인 1789년 메리쿠르(Theroigne de Mericourt) 등이 국민의회에 '정치상 남녀가 동등한 권리를 가져야 한다'는 여성참정권에 관련된 건의를 최초로 하였고, 다음

---

2) 근대시대 프랑스의 유명한 발레리나로 파리오페라극장 발레단에서 활동하였다. 그녀는 머리스타일, 신발, 요리 등 여러 분야에서 선풍적 유행을 불러일으켰다. 당시 무용에 입는 스커트는 복사뼈를 모두 가릴 정도로 길었는데, 카마르고는 정강이 정도 길이의 짧은 스커트와 뒷굽이 없는 구두를 신고 자유롭게 도약하는 등 파격적인 동작을 연출하였다.

해 구즈(Olympe de Gouges)가 '여성공민권의 승인에 대하여'를 발표했으나 호응을 얻지 못하였다. 국민공회는 1793년 여성의 집회를 금지하고, 모든 여성단체를 해체하였으며, 여성참정권을 주장하던 여성들을 투옥하였다. 그 후 19세기 말에 와서야 영국과 미국의 여성운동의 영향을 받아 여성참정권운동이 재개되었고, 1946년에야 비로소 법률상 완전한 보장을 받게 되었다. 이런 상황은 영국의 경우도 예외는 아니었다. 페미니즘의 선구자로 알려진 울스턴크래프트(M. Wollstonecraft, 1759~1797)가 페미니즘에 대한 최초의 체계적인 저서인『여성의 권리옹호』를 출판한 것이 겨우 1792년이었으며, 그 후 밀(J. S. Mill, 1806~1873)의『여성의 종속』등에서 이론적 논의가 이루어지다가 20세기에 들어와서야 본격적 여성운동단체인 '여성참정권협회국민동맹'(1897년), '여성사회정치동맹'(1903년)이 결성되고, 1918년에야 여성참정권이 부분적으로나마 법률로 보장되었다.

이런 시대상황은 필연적으로 여성들의 교육문제에도 그대로 투영되었다. 근대 유럽의 여성교육은 16세기 마르틴 루터(M. Luther, 1483~1546)가 여성도 학교교육을 의무적으로 받아야 한다는 주장을 한 이래 서서히 시작되었다. 그러나 여성들의 사회적 지위가 매우 낮은 상태에서 여성교육이 활발해지기란 거의 불가능한 일이었다. 그리하여 여성교육은 거의 프랑스혁명 단계에 와서야 서서히 그 구체적 모습을 드러내게 되었다. 프랑스의 경우 1792년에 콩도르세(Marquis de Condorcet, 1743~1794)가 의회에 제출한 '공교육의 일반조직에 관한 보고 및 법안'에서 단성형학제, 남녀평등교육, 장학제도, 인구 비례 학교설립 등에 대해 국가가 책임질 것을 제안하였으나 실현되지 못하였고, 남녀에게 동등한 교육기회를 제공하는 공교육은 19세기 후반에 들어와서야 비로소 완전한 제도적 수립을 보게 된다. 이런 상황은 세부적인 측면에서는 다소의 차이가 있으나, 대략적으로는 대부분의 유럽 국가들에 있어서도 마찬가지였다.

이렇게 18세기 유럽의 학교교육은 특수한 사례를 제외하고 거의 남성만을 위한 것이었으며, 대부분의 여성은 가정에서 가사에 필요한 기술을 비형식적으로 배우는 수준에 머물러 있었다. 따라서 루소가 생존했던 당시의 양성평등교육은 이념적 차원에서조차 아직 구체화되지 않았으며, 루터 등 단지 선구적인 극소수의 학자들만 여성교육의 필요성을 간헐적으로 주장하는 상황이었다.

나. 루소의 교육사상과 『에밀』

이미 잘 알려진 것처럼, 루소는 자연주의 교육사상의 선구자이다. 그는 다른 계몽주의자들과 마찬가지로 사회·정치적 제반 악폐를 비판하고 새로운 이상사회를 건설하려고 하였다. 그러나 이상사회의 기초를 이성의 법칙보다는 자연적 감성에, 소수의 지적 귀족들보다는 절대 다수의 서민에 두고자 하였다. 그는 자연의 빛에 비추어 인간 본래의 모습을 이해하고자 하였으며, 인간의 선한 본성을 실제적으로 발현할 수 있게 하는 사회·정치체제를 이상적 사회상으로 간주하였다. 그리하여 자유와 평등이라는 천부인권이 보장되는 정치체제를 지향하였고, 교육을 통해서 선한 자연본성을 유지·발현시키고자 하였다. 한마디로 기존의 부자유·불평등한 사회질서를 파괴하고 인간 본연의 상태, 즉 선한 자연본성이 보장되는 상태로 돌아가야 한다는 것이 그의 사상의 핵심이었다. 특히, 『학문예술론』(1750)·『인간불평등기원론』(1755)·『신엘로이즈』(1761) 등에서 기존의 부패한 문명과 사회질서를 통렬하게 비판하였으며, 『사회계약론』(1762)에서는 자유 평등한 새로운 이상사회를 구체화하고 『에밀』(1762)에서는 그 이상사회를 실현하기 위한 교육의 원리를 제시하였다.

루소의 자연주의는 자유와 평등 그리고 박애 등 천부인권이 보장되는 사회를 건설하기 위한 프랑스 시민혁명의 가장 중요한 이론적 기반으로 작용했을 뿐만 아니라, 20세기 서구 민주주의 사상의 근간을 이루고 있다고 할 수 있다. 또한 루소의 자연주의는 바제도브(J. B. Basedow, 1724~1790), 잘츠만(C. G. Salzman, 1744~1811) 등의 범애파에 널리 수용·확산되고 19세기의 페스탈로치(J. H. Pestalozzi, 1745~1827) 등에 의해 근·현대교육의 가장 중핵적인 사상으로 자리매김하였다. 특히 교육이념으로부터 방법에 이르기까지 모든 교육의 원리를 자연의 질서 혹은 자연법칙과 일치시키고자 했던 '합자연의 원리'는 19세기 계발주의와 20세기 아동중심주의의 이념적 기초를 이루고 있다(이주한, 2009 : 218~219).

그의 교육사상이 잘 드러나 있는 책은 『에밀』이다. 『에밀』은 총 5부로 구성되어 있는데, 이하에서 그 핵심적인 내용을 간략히 요약하면서 그의 교육사상의 특징을 살펴보기로 한다.

제1부에서는 교육에 대한 총론적인 견해를 밝히고, 출생에서 5세까지의 교육을 다루고 있다. 루소는 신이 만물을 창조할 때는 선하지만 인간의 손에 건네지면 모두 타락한다고 전제하고, 선한 자연본성을 회복하기 위한 교육에 대해 논한다. 그는 교육에 '자연교육', '인간교육', '사물교육'이 있음을 밝히고 그 중에서 인간의 능력과 내적 성장을 가져오는 자연교육을 가장 중시한다. 그는 교육은 출생부터 시작되어야 한다면서, 가장 자연스런 교사는 아버지이며, 불가피하게 타인이 교육을 맡게 되면 돈을 목적으로 하지 않는 사람, 현명하고 젊은 사람, 고귀한 인품이 있는 사람이어야 한다고 주장한다.

제2부에서는 5세부터 12세까지의 교육을 다룬다. 루소는 이 시기에 언어를 습득하고 여러 경험을 통해 학습하는 시기로서 전형적인 소극적 교육이 이루어져야 한다고 본다. 그는 성인들에게 어린이를 사랑하며 그들의 놀이나 본성을 충족시켜 주라고 제안한다. 또한 그들을 본연의 위치에서 이탈시키지 말고 자연의 이치에 따라 성장하도록 하라고 제안한다. 즉, 유년기에는 그들 특유의 보는 법, 생각하는 법, 느끼는 법이 있는데, 그것을 성인들의 방식으로 대체하지 말라는 것이다. 따라서 이 시기에는 문자를 중심으로 하는 어려운 지식교육을 피하고, 감각이나 신체가 건강하게 발달하도록 도와야 한다.

제3부에서는 12세에서 15세까지 소년기의 교육을 다루고 있다. 루

소는 이전 시기와 달리 이 시기에 들어와서는 적극적인 교육이 이루어져야 한다고 본다. 이 시기에는 이성과 지성이 훈련되어야 하며, 앞 시기와 관련하여 사물교육이 지속적으로 이루어져야 한다. 사회인으로서 사회생활에 대한 기본 개념을 서서히 갖도록 지도하고, 기본적인 손재주도 익히도록 유도해야 한다. 그러나 여전히 이론 중심의 지식교육을 피해야 하며, 가능한 한 경험과 실천을 통해 자연과 사회에 대해 직접 관찰하고 익히도록 지도해야 한다.

제4부에서는 15세에서 20세까지의 청년기 교육을 다루고 있다. 이 시기는 흔히 말하듯 육체적·정신적인 제2의 탄생기이다. 이 시기에는 도덕적·종교적 감정이 길러져야 한다. 또한 감정에 기초하여 이성을 점차적으로 완성하는 시기이며, 우정과 동정 등 인간적 감정이 생기고 성에 대한 관심과 의식이 발달하는 시기이다. 따라서 루소는 이 시기야말로 진정한 교육이 필요하다고 보며, 인간에 대한 충분한 지식을 쌓도록 지도해야 한다고 주장한다. 한마디로 어릴 때부터 잘 발달해 온 신체, 감각, 감성 등을 바탕으로 자연스럽게 이성이 이끌려 나오도록 지도해야 하는 시기로서, 이론이나 지식보다는 자연과 인간, 사회에 대한 관찰과 경험에 의존해야 한다는 것이다.

제5부에서는 성년기의 교육과 이상적인 배우자의 선택, 결혼 등의 문제를 다루고 있다. 동시에 에밀의 배우자인 소피의 성장과 교육에 대해 논의하고 있는데, 여성주의자들에게 가장 혹독한 평을 받는 부분이기도 하다.

루소가 그의 주저 『에밀』에서 드러내 보이고 있는 교육사상은 한 마디로 자연성에 기초한 인간교육이라는 말로 요약된다. 그는 『에밀』을 통하여 모든 교육의 원리를 자연에서 구하고 그에 따르는 교육을 추구하였다. 그러나 그가 말하는 자연은 매우 복합적인 의미를 지닌 개념이다. 첫째, 루소가 말하는 자연은 생명의 원류이며 근원으로서의 의미가 있다. 대자연의 근원, 인간의 근원, 사물의 근원을 동일한 원리인 자연으로 보았기 때문에 자연은 다름 아닌 우주만물을 창조한 창조주의 자연이다. 둘째, 인간 성장발달의 일반적 기준이 되는 자연법칙을 의미한다. 이는 출생시부터 성숙시까지의 인간 성장의 과정을 신체적인 발육 및 각 내부 기관의 성숙과 이에 적응하는 심리적 발달과정을 포함한다. 셋째, 반사회·반문명으로서의 자연이다. 즉, 모든 인위적인 것에 대립되는 개념으로서, 『학문예술론』이나 『인간불평등기원론』에서 그가 인위적 문명을 비판하면서 회복하고자 했던 자연이다. 넷째, 윤리적 의미의 자연이다. 자연은 조물주의 손에서 나올 때는 선이며 이는 자연이며 본성이기 때문에 조물주와 선과 본성은 자연과 동질인 것이다. 마지막으로 신학적 의미의 자연이다. 루소에게 있어 만물의 창조주는 신이며 신의 의지는 선이며 불변하는 제일 원리이다. 따라서 그 이상의 원인을 가질 수 없는 절대적인 존재, 선의 구현자인 신에게 악은 없다. 인간의 악은 그 본성에 내재해 있지 않는 것으로 신의 소관 밖에 있는 것이다(안인희 외, 1994 : 56-57).

루소의 여성교육관 역시 근본적으로는 자연주의 교육관에 기초해 있다. 여성은 본질상 남성과 동질적인 존재이나 자연에 의해 성적 차이가 이미 결정되어 있으며, 그렇기 때문에 최소한 성에 관한 한 남성과는 다른 교육을 받아야 한다는 것이 루소의 기본적인 생각이 었다. 이에 대한 루소의 견해를 『에밀』 제5부를 분석함으로써 더 자세하게 검토해 보기로 한다.

다. 『에밀』 속의 양성평등교육

루소는 18세기라는 시대적 상황에 비추어 볼 때 매우 진보적인 교육론을 제시하였다. 인간의 존재성, 도덕성, 정치와 사회 그리고 교육에 대한 그의 이해 방식은 오늘날에도 깊이 음미해 볼 만한 통시적(通時的) 가치를 갖고 있다는 것이 대부분의 루소 연구자들이 내리는 평가이다. 그러나 양성평등교육에 관련해서 만큼은 루소는 다른 어느 사상가보다 가혹한 평을 받고 있다. 가령 '루소의 여성관과 여성교육론 비판'이라는 주제로 열린 어느 좌담(안인희 외, 1994 : 233-266)에서 한 참석자는 루소의 여성교육관은 "오늘날 여성해방론자의 관점에서 본다면 절대로 용납될 수 없는 보수적인 여성관에 근거하고 있으며 … 근본적으로 남녀의 불평등을 전제로 하고 있다"(위의 책, 234), "그의 궁극적 입장이란 한국에서 유교적 의식에 뿌리 박혀 있는 가부장적 위계질서에 따른 남녀불평등 사상과 동일한 것임을 부정할 수 없다"(위의 책, 235)고 혹평하고 있다. 그렇다면 루소는 과연 반여성해방주의자이며 반양성평등교육론자인가?

이 물음에 답하기 위해 『에밀』 제5부[3)의 내용을 살펴볼 필요가 있다. 『에밀』 5부의 서두에서 루소는 남성이든 여성이든 모든 인간은 보편적인 존재이되, 자연이 결정해 놓은 성에 관련되는 한 양자는 명백한 차이가 있음을 분명하게 밝히고 있다.

> 성(性)을 관련시키지 않으면 여성은 남성과 동일한 기관, 욕망, 능력을 갖고 있다. 다만 정도의 차이만 있을 뿐이다. … 확실한 것은 종(種)의 분류에 따르면 양자는 동일하고 성의 분류에 따르면 양자는 다르다는 것이다. … 공통된 것을 가지고 있는 점에서 양자는 평등하다(루소, 1993 : 283).

> 성과 관련지어 보면 남자와 여자는 상호 보완적이면서 상호 대립적이다. … 양성 차이가 있다는 시점에서는 양성은 비교할 수 없다. 완전한 남성과 완전한 여성은 용모나 정신이 같을 수 없다(위의 책, 284).

따라서 루소에게 있어서 남성과 여성은 동일한 존재임과 동시에 다른 존재이다. 그리고 양성 간의 상이성은 동일성과 마찬가지로 인간에 의해서가 아니라 자연의 선택에 의해 결정된다. 루소의 이런 대전제는 일단 그 방향에 있어서 크게 틀리지 않아 보인다. 그러나 그는 곧이어 많은 여성주의자들의 신랄한 비판을 받고도 남을

---

3) 흔히 『에밀』 5부는 루소가 여성교육을 다룬 내용이라고 평가되고 있으나, 엄격하게 말해서 여성교육론이라기보다는 시민교육론이라고 해야 옳다. 실제로 여성교육에 관한 내용은 분량상 5부의 절반도 되지 않으며, 성년기에 도달한 에밀이 시민, 가장이 되기 위해 준비하는 과정, 즉 시민교육론에 관한 내용이 훨씬 더 많다.

만한 주장을 제기한다.

> 남성은 강하고 능동적이며 여성은 약하고 수동적이어야 하는데, 그
> 래서 남성은 힘과 의지 모두를 가져야 하며 여성은 약간의 저항력으로
> 도 충분하다(위의 책, 284).

남성은 강하고 능동적인 반면 여성은 약하고 수동적이라는 이해 방식 자체도 큰 반감을 불러일으킬 만하지만, 더 심각한 문제는 그 차이로부터 "여성은 남성을 즐겁게 하기 위해서 태어났다"(위의 책, 284)는 사실을 도출해내고 더욱이 그것은 '자연의 법칙'이라고 언명하고 있다는 점이다. '남성을 즐겁게 하기 위해 태어났다'는 말에는 남성에게는 즐거움을 누릴 '권리'가 있는 반면 여성은 남성을 즐겁게 할 '의무'가 있으며, 마찬가지로 남성은 '목적'이요 여성은 '수단'이라는 의미가 내포되어 있다. 남녀 간의 관계가 잠재적으로 목적과 수단의 관계로 설정되어 있다는 유추가 틀리지 않다면, 그 관계는 누가 보더라도 불평등한 관계임이 분명하다. 따라서 루소가 의식했든 그렇지 않든, 그에게 남녀의 성적 차이는 부지불식간에 불평등을 정당화하는 근거로 작용하고 있는 셈이다.

아무튼 루소에게 자연이 결정해 준 성은 신체, 기질, 체질, 성격 등 다양한 측면에서 중요한 영향을 미친다. 따라서 그에게 남성은 남성다워야 하고, 여성은 여성다워야 한다. "완전한 여성과 완전한 남성은 용모나 정신이 같을 수가 없다."(위의 책, 284) 또한 "남성과 여성은 의무는 같지 않으며 같을 수도 없다."(위의 책, 285) 남

성은 강하고 능동적이라면 여성은 약하고 수동적이다. 남성은 강하므로 혼자 살 수 있지만, 여성은 약하므로 혼자 살기 어렵기 때문에 남성에게 의존해야 한다. 이런 힘의 차이는 또한 도덕적 차이를 낳는다. 남성은 강하고 혼자 살 수 있으므로 이성이나 양심에 따라 독자적으로 판단하고 처신할 수 있으나, 여성은 약하고 혼자 살 수 없으므로 타인, 즉 남편의 판단에 따라야 한다. 그러므로 여성은 스스로 매력 있는 존재가 되어 남편의 마음에 들어야 하며, 그렇게 함으로써 남성의 존경을 이끌어 낼 수 있어야 한다. 자연은 여성에게 아이를 맡기고 남성에게 그 책임을 지게 하였다. 따라서 남편은 아내의 숭고한 의무를 무시해서는 안 되며, 아내는 부정이나 배신을 저질러서는 안 된다. 아내는 성실하고 겸손하고 신중해야 하며, 자식을 사랑하는 아버지는 가장 먼저 그 자식의 어머니, 즉 아내를 사랑해야 한다. 아내는 인내와 관용과 사랑으로 남편과 아이를 중개해야 하며, 화목하고 단란한 가정을 위해 애정과 수고를 아끼지 말아야 한다.

따라서 남성이 여성화되거나, 여성이 남성화되는 것, 그리고 남녀가 비슷해지는 것은 자연의 질서와 법칙에 위배되는 것이다. 그의 이런 견해는 "자연적 차이에도 불구하고 18세기에 두드러지게 나타나는 여성의 남성화 경향과 이를 지지하는 철학을 비판하면서 여성의 수줍음과 거짓됨을 조롱하는 근대 철학은 여성에게 그나마 남아 있는 명예마저도 빼앗아 버릴 것"(이정은, 2007 : 119)이라는 판단에 기초하고 있다.

따라서 루소는 성의 차이는 자연이 부여한 질서이므로, 남성과 여성의 교육은 달라야 한다고 본다. 즉, 남성과 여성의 특성과 의무가 이렇게 다르기 때문에 남녀의 교육 또한 달라야 한다는 것이다. 그가 『에밀』 5부에서 제시하고 있는 여성교육을 교육목적과 내용을 중심으로 정리하면 다음과 같다.

먼저, 여성교육의 목적은 무엇보다 자연이 준 여성성을 발현시키는 데 있다. 루소에게 있어서 사회의 기본 단위는 가정이다. 따라서 이상적인 사회는 사회구성의 기본 단위인 가정이 이상적인 곳이 될 때 비로소 가능하다. 그런데 하나의 가정은 부부의 역할과 기능이 적절하게 상호보완적일 때 완성될 수 있고 행복해질 수 있다. 즉, 남편 혹은 아버지가 남성답고, 아내 혹은 어머니가 여성다울 때 그 역할과 기능을 완전하게 수행할 수 있다. 따라서 루소는 여성교육의 근본 목적은 무엇보다 여성을 진실로 여성답게 하는 것이어야 한다고 본다.

다음으로 여성교육의 내용은 어떻게 구성되는지를 검토해 보기로 한다. 첫째는 신체교육이다. 자연에 의해 육체가 정신보다 먼저 태어났으므로 신체교육이 가장 우선적이고 중요하다. 이는 남성의 초기교육에서도 마찬가지이다. 다만 남성의 교육이 체력을 발달시키는 것인 반면, 여성의 교육은 매력을 길러주는 것이어야 한다. 신체는 놀이와 밀접하게 관련되어 있는데, 아이들의 놀이에는 양성에 공통된 것도 있지만 성에 따라 특수한 것도 많다. 남자 아이들은 움직이고 소리를 내는 놀이, 즉 북치기, 팽이 돌리기 등을 좋아하는 반면, 여자 아이들은 바라보고 꾸미는 것, 즉 거울, 인형 같은 것을 좋아한다.

이런 놀이가 발달하면서 기본적인 취미가 형성된다. 취미와 관련하여 중요한 것은 자연을 속박하거나 제한하지 않는 것이다. 어른들은 아이들의 강제로 못하게 하거나 인위적으로 조작하지 말고 취미를 적당히 규제해 주기만 하면 된다. 여아들의 경우 성장하면서 몸치장이나 화장 등의 취미를 자연스럽게 갖게 된다. 적당한 치장과 화장은 여성에게 하나의 미덕일 수 있으나, 지나친 화장이나 몸치장은 자연이 사람에게 준 본연의 아름다움을 해칠 수 있다. 따라서 화려한 치장과 화장을 통해 자신을 과시하거나 허영에 빠지기보다는 있는 그대로의 아름다움을 발견하고 드러내 보일 수 있는 여성으로 교육해야 한다. 루소의 이런 생각은 아마도 당시 상류층 여성들이 고급환락가인 살롱에 드나들면서 남성들에게 호감을 사기 위해 온종일 몸치장을 하며 소일하는 풍조에 대한 비판에서 나온 것으로 보인다. 향락을 일삼으며 문란한 생활에 빠져 있던 당시 퇴폐적 귀부인과 살롱여성들에 대한 비판적 시각에서 품위 있고 순수한 여성으로 기르기 위해서는 어릴 때부터 인위적인 가장보다는 자연이 준 본래적 아름다움을 중시하도록 교육해야 한다고 주장했던 것이다.

둘째는 인성교육이다. 인성교육에서 무엇보다 중요한 요소는 정숙이다. 루소는 "남편의 자식이 아닌 다른 자식을 남편에게 안겨준 여성은 아이와 남편 모두를 속이는 일은 물론 부정에 배신의 죄까지 범하는 일"이라고 하면서 여성의 부정과 배신을 "모든 악의 원천"(위의 책, 285)이라고 비판한다. 왜냐하면 아내의 부정한 행위는 가정을 파괴하고 자연이 준 모든 관계를 끊어버리는 것이라고 보았기 때문이다. 18세기 파리의 신생아 중 절반 정도가 사생아였으며, 동(同) 시대의 베네치아는 축제와 쾌락과 사생아의 도시라는 별칭을 갖고 있었다. 이런 사실에서 충분히 짐작할 수 있듯이, 당시 유럽의 사회상황에 대한 문제의식이 루소의 여성관에 크게 영향을 미쳤을 것이다. 따라서 루소는 여성은 정숙함을 유지하여 남편의 존경을 받아야하며, 남편 이외의 주변 사람들로부터 정숙한 여성이라고 인정받을 수 있어야 한다고 강조한다. 또 정숙 외에도 성실, 겸손, 신중함, 자제심, 순종, 온순(유순), 차분함, 예의범절 등이 이상적 여성이 갖추어야 할 덕목들이다. 에밀의 이상적인 아내 소피가 지닌 성품을 루소는 다음과 같이 제시하고 있다.

> 소피는 정상적인 가정에서 태어났으며 선량한 천성을 지니고 있다. 그녀의 얼굴은 보통이지만 유쾌한 인상을 주며 그 표정에는 거짓이 없다. … 그녀는 다른 사람보다 더 좋은 성격을 가졌다고는 말하기는 어려워도 다른 사람보다 조화된 성격은 가지고 있다. … 그녀는 거의 아름답다고 말할 수는 없어도 보면 볼수록 아름다운 여성이다. … 소피는 몸단장도 좋아하면서 맵시 있는 옷치장을 스스로 할 줄 알지만 결코 비싼 옷은 입지 않는다. 그녀의 옷은 수수하면서도 품위가 있고 자신에 잘 어울린다. … 소피는 쾌활하지만 화려하지 않고, 확고한 정신을 갖고 있지만 심각하지는 않다. … 소피는 감수성이 강해서 항상 똑같은 기분을 유지하지는 않지만, 온화해서 그 감수성이 다른 사람을 괴롭히지는 않는다. … 소피는 사교계의 예절에 대해서는 거의 들은 바 없지만 친절

하고 품위 있게 행동한다(위의 책, 301-304).

셋째는 생활교육이다. 루소는 남성교육에서와 마찬가지로 여성교육에서도 생활과 경험교육을 중시한다. 소피는 어릴 때부터 여성으로서의 일, 그 중에서도 바늘을 사용하는 모든 일을 주의 깊게 배운다. 그리고 살림하는 법, 요리와 상차리기도 익히며, 식료품 가격과 질에 대한 분간, 가계부 정리 등도 배운다. 이는 에밀이 목공이나 정원 가꾸기, 식물 기르기 등과 같은 실생활과 밀접하게 관련된 기술과 기능을 어릴 때부터 익혔던 것과 거의 같은 이치라 할 수 있다.

넷째는 종교교육이다. 루소에 따르면 종교에 관한 바른 관념은 매우 중요하다. 여아에게는 남아에 비해 조금 더 일찍 종교교육을 실시하는 것이 좋다. 그 이유에 대해 루소는 여성의 이성은 주로 현실에 관련되어 있기 때문에 종교와 같은 심오한 문제에 대해 토론하기란 매우 어렵기 때문이라고 한다. 그는 특히 여성의 신앙은 권위에 의해 규제되어야 한다고 보고 있다. 즉, 어릴 때는 아버지의 종교에, 결혼 후에는 남편의 종교에 따라야 한다는 것이다. 그리고 신앙을 가져야 할 이유를 설명해 주기보다는 신앙을 정해주는 것이 좋으며 기도 등을 암기시키기보다는 규칙적으로 기도하는 모습을 보여주는 것이 좋다. 또 종교를 하나의 구속으로 여기게 하거나 종교의 이름으로 의무를 부과하면 진정한 신앙을 가질 수 없다. 교리문답도 암기해서 답하게 하지 말고 알고 있는 그대로 대답하게 해야 하며, '신은 영(靈)이다' 등과 같이 형이상학적인 질문으로 설명하기보다는 쉽고 간단하게 이해할 수 있는 질문으로 이해시켜야한다. 중요한 것은 여성을 신학자나 이론가로 만들어서는 안 되며, 가식이나 허영 없이 선한 행동을 있는 그대로 실천하도록 가르쳐야한다. 종교교육에 대한 루소의 이런 견해는 그 내용이나 절차, 방법 등에 있어서는 현대에도 시사하는 바가 많으나, 여성의 신앙은 아버지나 남편의 신앙에 의해 결정되어야 한다고 본 점은 오늘날의 시각에서 볼 때 비난의 여지가 충분하다고 할 수 있다.

마지막으로 지식교육이다. 루소는 남성과 여성 모두가 이성을 지니고 있으나, 남성은 추상적, 논리적, 창조적인 반면, 여성의 이성은 현실적, 실천적, 응용적이라고 이해한다. 그렇기 때문에 여성은 현실적 사고력, 임기응변, 세심한 관찰 등과 같은 영역에서 더 많은 재능을 갖고 있다는 것이 루소의 견해이다. 따라서 그에 따르면 여성은 추상적이고 형이상학적인 진리와 지식의 탐구나 어떤 창조적 활동과 관련된 일 혹은 정밀과학, 물리학 등에는 적합하지 않다. 대신 남성의 심리에 대한 연구, 실생활과 관련된 실천적 지식과 기술의 습득, 남자들이 발견한 원리의 적용, 취미를 목적으로 하는 즐거운 지식의 추구 등이 여성에게 더 적합하다. 한 마디로 지식교육에 관련된 루소 견해의 핵심은 남성은 사유하고 추론하나 여성은 관찰하고 실천하는 일에 강하므로 그에 적합한 교육을 실시해야 한다는 것이다.

이상에서 『에밀』 제5부에 나타나 있는 루소의 여성교육에 대한 견해를 검토해 보았다. 많은 여성주의자들이 비판하듯이, 루소의 견해에서 반여성주의적 혹은 반양성평등적 요소를 적지 않게 발견할 수 있다. 동시에 그가 남성과 여성을 근본적인 차원에서 평등한 존재로 인식하고 있다는 사실도 확인할 수 있다. 그는 남성과 여성을 인간이라는 보편성의 차원에서는 평등한 존재로 이해하고 있으나, 자연이 부여한 성에 관련해서만큼은 양성이 명백한 차이를 갖고 있다고 이해한다. 따라서 남성과 여성이 본성상 성적으로 차이가 있으므로 남성교육과 여성교육은 서로 분명히 달라야 하며, 그렇지 않을 경우 자연의 원리와 법칙을 헤치는 교육이 될 것이라고 본다. 문제는 루소에게 있어 성적 특수성과 차이성이 인간으로서의 보편성과 동일성을 상쇄하고도 남는다는 점이다. 양성평등교육과 관련하여 루소를 어떻게 볼 것인가는 결국 이 지점과 밀접하게 관련되어 있다고 볼 수 있다.

라. 논의 : 루소는 반양성평등론자인가?

결론에 대신해서 루소를 과연 반여성주의자 혹은 반양성평등론자로 보는 평가는 정당한가, 루소가 양성평등교육의 발전에 이바지한 것은 과연 전혀 없는가에 대해 논의해 보기로 한다.

앞에서 필자는 에밀의 배우자 소피의 교육을 다룬 교육소설 『에밀』 5권에 나타난 루소의 여성관과 여성교육관은 보수적 관점을 탈피하지 못했다고 평가되고 있음을 언급한 바 있다. 문제는 판단의 시점이 언제인가에 달려 있다. 성평등에 대한 인식과 의식이 이미 상당히 높은 수준에 올라선 현대의 관점에서 볼 때, 루소의 여성관과 여성교육관은 분명히 보수적이다. 그리고 철저하게 남성중심적이다. 『에밀』 5권을 읽노라면, 많은 여성주의자들이 비판하듯이, 마치 조선 가부장제 시대의 현모양처론을 대하는 인상을 갖게 되는 것이 사실이다. 그는 자연에 의해 결정된 '차이', 혹은 그 차이에 대한 '구별' 등의 용어를 빌어 정당화하고 있지만, 시각을 조금만 달리 하면 그 차이는 곧 '불평등'이요, 그 구별은 '차별'이라고 할 수 있다. 여성을 남성에게 종속된 존재로, 가정 내의 존재로 그리고 있을 뿐, 남성과 동등한 사회적 존재로 보지 못하고 있음도 분명해 보인다. 또한 어머니와 여성으로 한정할 뿐 인간으로 적극적으로 부각시키지 못하고 있음도 이론의 여지가 없다. 그리하여 여성에게 여성교육을 강조할 뿐, 더 적극적으로 시민교육을 강조하지 못하는 한계를 노정하고 있다. 따라서 현대적인 시각에서 볼 때, 『에밀』 5권에 드러난 루소는 결코 진보적 여성해방론자도, 양성평등교육론자도 아니라는 평가는 정당하다고 할 수 있다.

그러나 18세기라는 루소 생존 당시의 시점에서 볼 때 루소는 다소 다른 평가를 받을 여지가 충분히 있다. 앞에서도 언급했듯이, 18세기는 여성이 소위 인간의 반열에 남성과 동등하게 올라서지 못한 사회였다. 여성은 철저하게 남성에 종속된 채 그저 남성의 성적 노리개이거나 자손을 잇게 해주는 존재에 불과하였다. 그런 사회에서 여성은 당연히 교육의 대상이 될 수 없었다. 고급문화를 향유하고 있다는 상류층일수록 남성의 성적 유희대상이 되어 고급드레스에 화사한 화장을 한 채 댄스와 와인이 넘쳐나는 살롱에서 향락적

생활에 젖어 있었다. 계급적·경제적 이해관계에 따라 매매결혼 혹
은 상업결혼이 성행하였으며, 부부는 법적 관계만 유지할 뿐 가정
교사라는 이름으로 혹은 후견인이라는 미명으로 서로 다른 애인을
소유하고 있었다. 아이는 출생하자마자 친모의 품을 떠나 바로 유모
에게 맡겨지고 조금 성장한 후에는 또다시 수도원에 맡겨졌다. 그리
하여 아이와 어머니가 10대 후반에야 만나게 되는 것이 상류사회의
상례였다. 여성이 가정과 사회와 국가의 주체로, 남성과 동등하게 교
육받을 엄연한 권리를 가진 존재라는 사회적 인식은 루소가 세상을
뜨고 난 수십 년 후 프랑스혁명 전후가 되어서야 시작되었다.

　이런 18세기에 루소는 여성에게 교육받을 권리가 남성과 동등하
게 있음을 천명하고 여성교육의 목적과 내용을 제시하였으며, 이상
적인 사회의 구현을 위해 여성교육이 필수적이라는 점을 역설하였
다. 여성을 그 근본에 있어서 남성과 동등하고 평등한 존재임을 명
료하게 밝혔으며, 남성과 마찬가지로 이성과 자유의지를 가진 존재
로 자리 매김하였다. 앞에서 본 것처럼, 그에게 공통된 것을 가지
고 있다는 점에서 남성과 여성은 평등한 존재이다. 여성이 남성에
게 의존하고 있는 것 못지않게 남성도 여성에게 의존하고 있다. 따
라서 양자는 상호 의존적이며 상호 협력적인 관계에 있다. 남성은
여성 없이, 여성은 남성 없이 존재하지 못한다. 따라서 큰 틀에서
보면 루소의 사상에서 남성과 여성은 동일 선상에 있으며 동일한
반열에 있다.

　한 마디로 '인간으로서의 여성이 없는 암울한 시대'인 18세기에 그

는 "여성의 교육가능성, 이성적 존재로서의 여성, 남성과 다른 인종으로서 평등한 존재로서의 여성을 인정"(안인희 외, 1994)하고 있었다. 이 점을 고려할 때, 현대를 기준으로 보면 비록 여전히 구시대적인 한계를 벗어나지 못하고 있지만, 당시의 시대상황을 기준으로 보면 루소는 분명히 매우 '진보적인' 여성관을 가진 사상가였다고 평가하는 것이 타당하다. 그는 그 시대의 사회관, 인간관, 남성관, 여성관, 그리고 생활양식에 물들어 있으면서도 동시에 그것이 가진 한계를 직시하고 그로부터 벗어나기 위해 치열하게 몸부림친 사람이었다. 여성교육의 중요성에 대해, 아니 여성교육 자체에 대해 거의 아무도 인식하지 못하고 있던 시대에 그는 의식적으로 고민했을 뿐만 아니라 글의 형태로 그런 사회적 상황을 고발하였으며, 여성교육을 적극적으로 주창함으로써 여성교육문제를 공적 논의의 이슈로 상정해 놓았다. 플라톤이 여성으로부터 여성의 특수성을 완전히 박탈함으로써 남성화했다면, 그리하여 남성성을 인간의 보편성으로 환원시켰다면, 루소는 남성성과는 명백하게 다른 여성성을 적극적으로 발견하고자 하였다. 다만 자연에 의해 부여된 성적 특수성을 지나치게 강조하고 당시 사회의 일반적인 여성관을 완전히 극복하지 못함으로써, 여성이 가진 보편성으로서의 인간성을 그의 다른 사상에서 만큼 부각시키지 못했다는 한계를 갖고 있을 뿐이다. 다시 말해 자연주의자로서 생물적 성(sex)에 붙박여 사회적 성(gender)의 의미와 가치를 진보적 사상가 루소라는 이름에 걸맞게 우리가 기대하는 만큼 적극적으로 드러내 주지 못한 아쉬움이 있을 뿐이다. 루소의 사회·정치사상이 그렇게 진보적이지 않았다면, 그리고 그가 인간의 자유와 평등을 그렇게 강조하지 않았다면, 그의 여성교육론은 어쩌면 그렇게 혹평을 받지는 않았을 지도 모른다.

따라서 루소는 역사의 발전과정에서 여성이 사회와 교육의 주체로 등장하는 데, 그리하여 양성평등교육으로 한 걸음 다가서는 데 한계가 있으나마 일조한 인물임에 분명하다. 이렇게 보면 루소를 철저한 반여성주의자요 반양성평등론자로 치부해 버리는 일각의 평가는 재고되어야 한다. 오히려 양성평등교육의 세상으로 향하는 길고 험난한 도정에 명백한 시대적 한계상황 속에서도 용기 있는 첫걸음을 내디딘 사상가로 평가되어야 한다.

요약

✔ 플라톤은 남녀는 힘의 강약에서만 차이가 있을 뿐 그 외에는 어떤 차이도 없다고 주장한다. 그에게 남성과 여성은 근본적인 차이가 없으며 그렇기 때문에 사회적으로 동일한 기능과 역할을 수행한다. 따라서 양성에 대한 사회적 차별은 존재하지 않으며, 여성도 남성과 동등한 참정권과 통치권을 소유하고 있다. 플라톤이 생존했던 그리스 사회가 철저한 계급적 가부장제사회였으며 그렇기 때문에 다른 계급사회에서와 마찬가지로 남녀간에 엄격한 위계성이 존재하고 있었다는 사실을 고려할 때, 그는 혁명적 사상가요 여성해방론자라고 평가받을 만하다.

✔ 그러나 진정한 양성평등은 남성과 여성 모두가 인간으로서 소유하고 있는 보편적 특성에 기초하되, 남성은 남성대로, 여성은 여성대로 서로에 의해 희석되지 않는 고유하고 특수한 가치가 온전히 인정될 때 가능할 것이라는 관점에서 보면, 플라톤은 양성평등론자로 평가받기 어렵다. 왜냐하면 그의 사상은 남성과 여성이 공유하고 있는 보편적 특성에 지나치게 의존하는 대신 여성의 특수성을 거의 전적으로 무시하고 있기 때문이다. 그리하여 그는 여성성을 완전히 배제해 버리고 남성성을 인간의 보편성으로 일반화시키고 말았다. 한 마디로 그는 여성으로부터 여성성을 제거하고 대신 그곳을 남성성으로 채워 넣는 오류를 범하고 있다. 따라서 플라톤의 사상은 표면적으로는 매우 양성평등적인 것으로 보이지만, 그 본질에 있어서는 반여성적 특성을 내포하고 있다.

✔ 루소는 가장 전형적인 남성주의자요 반여성주의자라는 평가를 받고 있다. 실제로『에밀』5권에서 여성을 남성에게 종속된 존재로, 가정 내의 존재로 그리고 있을 뿐, 남성과 동등한 사회적 존재로 인정하지 않고 있다. 또한 어머니와 여성으로 한정할 뿐 인간으로 적극적으로 부각시키지 못하고 있다. 그리하여 여성에게 여성교육을 강조할 뿐, 더 적극적으로 시민교육을 강조하지 못하는 한계를 갖고 있다. 이러한 사실을 고려할 때, 루소는 반여성주의자이며 반양성평등론자임에 분명해 보인다.

✔ 그러나 18세기라는 암울한 시대적 상황에서 남성과 여성은 근본적으로 평등한 존재이며, 그렇기 때문에 여성은 남성과 마찬가지로 교육받을 권리가 있음을 천명하였다. 그는 여성교육에 대해 거의 혹은 전혀 관심이 없던 당시의 많은 학자들과 달리, 여성교육의 목적과 내용을 비교적 체계적으로 제시하고자 하였으며, 이상적인 사회의 구현을 위해 여성교육이 필수적이라는 점을 역설함으로써 여성교육의 문제를 공적 논의의 장으로 이끌어냈다. 이런 점을 고려할 때 그를 전형적인 반여성주의자요 반양성평등론자로 치부해 버리는 것은 재고되어야 하며, 그가 양성평등교육에 기여한 측면이 적극적으로 재평가되지 않으면 안 된다.

토의 과제

✔ 플라톤은 남성과 여성이 본성상 동일하므로 교육도 동일해야 한다고 주장한다. 한 예로 그는 당시의 관례에 따라 여성도 남성과 마찬가지로 상체를 벗은 채 레슬링 훈련을 받아야 한다고 본다. 이러한 플라톤의 견해는 교육에서 남녀간의 생물학적 차이를 완전히 배제해야 한다는 것이다. 과연 플라톤의 견해처럼 교육에서 남녀간의 성적 차이를 완전히 배제하는 것이 옳은지 그렇지 않으면 적극적으로 고려하는 것이 옳은지 토의해 보자.

✔ 루소는 자연이 결정해 준 성(sex)은 신체, 기질, 체질, 성격 등 다양한 측면에서 중요한 영향을 미치기 때문에 남성의 교육과 여성의 교육은 엄연히 달라야 한다고 본다.

루소의 이런 견해는 현대 양성평등교육의 관점에서 볼 때 어떤 문제를 갖고 있는지 토의해 보자.

✔ 루소는 양성평등교육과 관련하여 서로 엇갈린 평가를 받고 있다. 가령 한편에서 그가 보수적인 여성관에 근거하고 있으며 근본적으로 남녀의 불평등을 전제하고 있다고 평가하는가 하면, 다른 한편에서는 여성의 교육가능성, 이성적 존재로서의 여성, 남성과는 다르지만 평등한 여성을 인정하고 있다고 평가한다. 루소에 대한 대립적인 평가 중에서 어느 편이 더 타당한지, 그리고 그 이유는 무엇인지 토의해 보자.

Ⅲ. 교직에서의 양성평등

산업 발달이 충분히 이루어지기 이전에는 고등교육을 받은 사람들이 진출할 수 있는 직업이 많지 않았으므로 교직은 남성들에게 매력적인 직업으로 여겨졌고 교직 내 남성 비율이 매우 높았다. 그러나 경제성장과 산업화의 결과 교직보다 사회경제적 지위가 높은 다양한 직업이 생겨나고, 이미 교직에 있거나, 교직을 선택하려고 했던 남성인력이 이러한 직업으로 이동하는 현상이 생겨났다. 한편 여성 고등교육의 기회 확대로 수적으로 증가한 고등교육 수혜 여성들은 다른 직종에는 취업 기회가 많지 않았기 때문에 남성들이 이직하여 기회가 많아진 교직을 선택하면서 교직에서 여성의 비율이 증가하기 시작하였다.

그러나 교직에서 소수 집단이었던 여성이 다수 집단으로 대두되었다고 해서 교직 내에서의 양성의 지위가 평등해진 것은 아니었다. 교직 내 여성 비율의 증가는 바람직하지 않은 현상으로 여겨졌고, 여성의 비율이 증가하였음에도 불구하고 교직 내의 불평등한 성별관계(gender relation)는 교직사회 내에 여러 가지 모습으로 여전히 존재하고 있다. 교직 내의 위계적 성별관계는 점점 증가하는 여교원들이 교직을 수행할 때 최대한의 효율성을 발휘하게 어렵게 만들고 아동의 양성평등 교육에도 부정적 영향을 미칠 수 있다는 점에서 바람직하지 않다.

현대사회에 이르러 여성의 사회 참여는 증가하는 추세이며 사회의 여러 측면에서의 양성평등이 주요 쟁점으로 부각되면서 교직 내의 양성평등에 대한 요구도 높아지고 있다. 이 장에서는 교직에서의 여성의 비율 증가 실태와 원인, 교직 사회 내 양성평등을 저해하는 요인을 찾아보고 교직에서의 양성평등을 추구하기 위한 방향을 모색해 보고자 한다.

1. 교직의 여성화

가. 교직 여성화의 실태

집단 내 하위집단의 구성 비율에 따라 집단의 유형을 네 가지로 구분할 수 있다. 구성원 전원이 동질적일 때는 획일적 집단(uniform group)이라 한다. 하위집단의 구성이 85:15 정도일 때는 편중된 집단(skewed group)이라 한다. 85% 이상을 차지하는 집단은 우세집단(dominent group)이 된다. 우세집단은 그 집단과 집단의 문화를 통제할 수 있게 된다. 이때 소수를 차지하는 집단은 상징적 의미 밖에

갖지 못하는 토큰집단(tocken group) 집단이 될 것이다. 하위집단의 비율이 65 : 35 정도이면 편향된 집단(tilted group)이다. 편향된 집단에서 소수 집단은 서로 연합하여 집단 문화에 영향을 미칠 수 있다. 집단의 비율이 반반으로 비슷하면 균형집단(balanced group) 이라 한다. 균형 잡힌 집단에서 각각의 하위집단은 잠재력 있는 하위집단으로 볼 수 있다(Kanter, 1993: 208-209).

구체적으로 여성 비율이 어느 정도 될 때 교직의 여성화라고 말할 수 있을지 정확하게 규정하기는 어렵다. 1962년을 기점으로 서울시 초등학교의 여교원 비율이 전체 교원 중 과반수를 넘는 52.0%를 차지했다는 점 때문에 1960년대부터 교직 여성화의 추세가 시작되었다고 보기도 한다(강세영, 1998). 하지만 전체 초등교원 중 여성이 과반수를 차지하게 된 시점은 1990년대이며 그 이후 여교원 비율은 꾸준히 증가하여 교직의 여성화는 지속되었으며, 2009년 현재 여교원은 74.6%를 차지하고 있다.

<표 Ⅲ-1> 초등재직교원 비율

연도	전체교원	여교원수	비율(%)
1965	79,164	20,207	25.5
1970	101,095	29,428	29.1
1975	108,126	36,440	33.7
1980	119,064	43,792	36.8
1985	126,785	54,600	43.1
1990	136,800	68,604	50.2
1995	136,747	75,428	55.2
2000	137,615	90,825	66.0
2005	160,143	113751	71.0
2009	175,068	130,552	74.6

자료: 교육통계연보 해당 연도

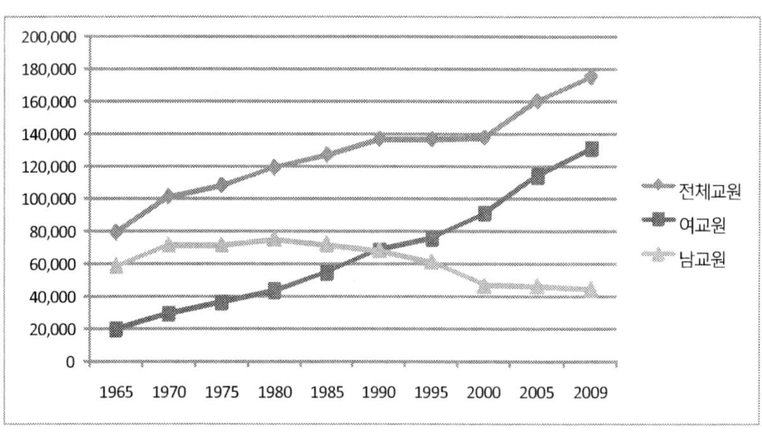

<그림 Ⅲ-1> 초등 여교원 증가 상황

또한 2009년 지역별 교직의 여성 비율을 살펴보면, 교직 내 여성 비율은 수도권과 대도시 지역이 타 지역에 비해 더 높음을 알 수 있다.

<표 2> 지역별 교직의 여성 비율

지 역	계	여자	비율(%)
총 계	175,068	130,552	74.6
서 울	29,004	24,335	83.9
부 산	11,126	8,748	78.6
대 구	8,666	6,972	80.5
인 천	9,626	7,146	74.2
광 주	5,442	4,229	77.7
대 전	5,545	4,559	82.2
울 산	4,185	3,155	75.4
경 기	38,954	30,157	77.4
강 원	6,492	4,168	64.2
충 북	5,943	4,251	71.5
충 남	8,416	5,609	66.6
전 북	7,839	5,204	66.4
전 남	8,580	5,034	58.7
경 북	10,263	6,152	59.9
경 남	12,607	9,104	72.2
제 주	2,380	1,729	72.6

자료 : 교육통계연보(2009)

나. 교직 여성화의 원인

교직의 여성화는 우리나라만의 현상은 아니다. 나라마다 시기적 차이는 있으나 외국에서도 마찬가지로 나타나는 현상이다. 한 개인이 직업을 선택할 때 가장 중요하게 고려하는 점은 개인의 능력과 적성, 가치관 등 개인적인 요인 일 것이다. 하지만 한 사회 내에서 특정 직업에 특정 성이 많다는 것은 개인의 문제가 아니라 하나의 사회현상이라 할 수 있다. 사회현상에는 반드시 사회적 원인이 있기 마련이다. 전통적으로 남성이 다수를 이루었던 교직에서 여성 비율이 증가한 것은 기술의 발전, 산업화, 직업구조의 변화 등 사회의 변화에 따라 남성과 여성의 직업 선택에 영향을 미치는 사회적 요인에도 변화가 생겼기 때문이다. 사회 변화에 따라 남성에게는 교직 이외의 다른 직업을 선택할 가능성이 커진 반면, 여성에게는 교직으로 이끄는 유인요인이 작용하기 때문에 교직에 여성이 증가한 것이다.

여성을 교직으로 이끄는 사회적 요인으로 들 수 있는 것으로 교직이 여성에게 적합하다는 사회적 인식, 여성이 선호하는 근무조건, 산업화와 더불어 변화된 노동시장의 구조 속에서 여성에게 입직의 문호가 넓어졌다는 점을 들 수 있다. 이러한 요인은 모두 남성과 여성 역할에 대한 사회적 기대의 차이, 사회 내의 성차별과 관련된다.

공동생산을 통하여 자급자족하던 농경사회와는 달리 산업사회에서는 가정과 직장이 분리되었고 남성은 가정 밖에서 바깥일을 담당하고, 여성은 가사와 육아 등 가정 안의 일을 담당하는 성별분업이 사회적으로 당연한 것으로 간주되었다. 남녀 평등한 교육기회 및 사회 참여 기회에 대한 요구로 인하여 여성의 교육 수준이 높아지고 사회 참여가 늘어났지만, 성별분업에 대한 인식은 여전하여서 여성들이 직업을 가지더라도 전통적으로 여성들이 해 왔던 일과 유사한 일을 하는 것이 바람직하다고 여겨졌다. 가사일과 유사한 일, 남성을 보조하는 일, 아동을 돌보는 일 등이 여성에게 적합한 직업으로 생각되었다. 게다가 직업을 가지더라도 가사일이나 자녀의 양육은 여성들의 일차적인 임무로 여겨졌기 때문에 가사일이나 자녀 양육에 유리한 직업을 여성들이 선호하는 경향이 있다. 또한 현대 사회에서 여성의 교육 기회와 사회적 역할이 확대되고 있는 추세이기는 하지만 현실적으로 남성에 비해 여성에게는 여전히 취업의 기회가 부족하며, 여성의 고용 안정성이 낮다는 사실은 남성과 동등하게 경쟁하여 취업할 수 있고 비교적 안정적인 직업에 여성들이 더 매력을 느끼게 되는 주요 요인이 되고 있다.

(1) 여성 역할과 교직의 유사성

가정과 결혼이 여성의 일차적 임무라는 성별분업의 이데올로기와 일치하기 때문에 교직은 여성에게 적합한 직업으로 간주된다. 전통적으로 여성의 역할로 여겨졌던 일들과 관련되는 직업들에 여성의 비율이 높은데, 교직은 아동을 돌보는 일이므로 가정에서 자녀를 양육하는 어머니 역할에 부합되는 것으로 인식된다. 특히 가르치고 돌보는 아동의 나이가 어릴수록 여성에게 적합한 것으로 여겨진다.

아동을 돌보는 역할 뿐만 아니라 아동을 보살피기 위해 요구되는 인내심, 부드러움, 세심한 보살핌 등의 자질은 남성적 특성이라기보다 여성적 특성과 일치하기 때문에 교직은 여성이 수행하기에 바람직하고 적당한 직업이라는 사회적 인식이 있다. 교직의 이러한 특성 때문에 사회적으로도 남성이 차지하고 있었던 교직의 문호가 여성에게 비교적 용이하게 개방된 경향이 있으며, 직업 선택에서 인간관계 지향적 요소를 중시하는 여성(Lueptow, 1981)들이 교직을 선택하는 경향이 높다.

미국에서 교직은 아내, 어머니가 될 준비로 여겨졌으며, 19세기에만 해도 직업적 경력이라기보다 결혼을 위한 과정으로써 간주되어 교직 선택은 여성에게나 고용주에게 모두 긍정적으로 받아들여졌고, 교직에서 여성비율이 증가하는 원인이 되었다. 특히 공장이나 가사보조 등의 노동계층 여성의 직업에 비해 교직은 중층여성들에게 적합한 직업으로 생각되었다(Strober, & Tyack, 1980 : 496).

우리나라에서도 교직은 여성에게 적합한 직업이라는 인식이 교직의 여성화를 촉진시킨 경향이 있다. 특히 교사가 가르치는 아동의 나이가 어릴수록 여성에게 더 적합한 것으로 여긴다. 초등 수준에서 교직의 여성 비율이 더 높으며 좀 더 엄한 훈육이 필요한 중등 수준에서 여성 비율이 상대적으로 낮은 것은 초등 수준에 비해 중등 수준에서는 교직이 남성에게 더 정적 유의성을 보이기 때문이다(이지영, 1995).

교직이 여성적 특성에 적합한 것으로 간주된다는 점은 경찰이나 군인처럼 남성이 대다수를 차지하는 직업에 대한 사회적 인식과 비교하면 더욱 뚜렷이 드러난다. 직업 내 여성 비율이 매우 낮은 남성적 직업 중 경찰직의 경우 신체적 힘의 사용, 강함의 가치와 관련된 업무가 경찰의 주요 업무로 여겨져 경찰직은 남성에게 적합하다고 인식하는 경향이 있다. 이런 직업분야에서는 여성을 고용하더라도 여성의 이미지를 활용하기위한 가시적 효과를 위해 특정 부서, 또는 특정 업무에 소수의 여성을 배치하는 정도에 그치는 실정이며(이지은, 2003) 여성화라고 부를 수 있을 정도로 여성 비율이 증가하기는 어려울 것이다.

(2) 가사, 육아에 적합한 교직의 근무 조건

우리나라에서 교직의 여성화가 계속되는 또 하나의 이유는 교직의 근무여건이 여성에게 적합하다는 점이다. 여대생들은 장래 계획에 있어 직업의 중요성을 높게 인식하고 있으며, 대부분이 결혼과 직장을 병행할 것을 희망하고 있다(이위환, 1993).

여자대학생들의 직업포부 형성에 대한 연구에서 김정숙(2007)은 여자 대학생들의 가정과 노동시장에서의 성별분업에 대응하여 육아와 가사를 병행하기 좋은 직업, 결혼과 출산 후 이직 가능한 직업, 경제적 독립과 안정성이 보장된 직업, 성차별이 적다고 알려진 고위 전문직을 원하며, 특히 교직은 결혼과 출산, 육아와 가사와 같은 여성적 역할을 당연한 것으로 인식하는 여대생들이 선호하는 직업으로 여겨지고 있다고 밝혔다.

남성들이 다수를 차지하는 직업에 비해 교직은 가사나 육아 등 가정 내 여성 역할과 직업을 병행하는 것이 비교적 용이하다. 가사 일이나 육아는 매일 일상적으로 규칙적으로 이루어져야 하는 일이기 때문에 가사일이나 육아를 직업과 병행하기 위해서는 직장에서 벗어나 집안 일을 돌볼 수 있는 충분한 시간을 확보해야 하며, 다른 가족의 필요를 돌 볼 수 있도록 규칙적인 시간 여유를 가지는 것이 바람직하다. 가정 내 여성 역할과 직업을 병행하고자 하는 여성의 경우 취업 시 이러한 근무여건을 고려하기 마련이다.

남성들이 다수를 차지하고 있는 직종은 여성의 이러한 요구를 충족시키기 어렵기 때문에 여성들의 선호도가 떨어지는 경향이 있다. 경찰직의 경우 잦은 비상으로 인해 노동시간이 불규칙하며, 공식적인 근무시간의 분배조차도 육아나 가사 일을 담당하는 여성의 시간과는 매우 배치되는 형태로 이루어지고 있다(이지은, 2003 : 54). 군인의 경우 1950년 창설 당시 여군은 결혼을 허용하지 않았으며 1964년부터 장교에 한하여 결혼을 허용하였고, 1980년대 이르러 중사 이상의 하사관에게 결혼을 허용하였으나 임신은 규제하였다. 1987년 남녀고용평등법 개정과 시기를 같이하여 의무복무자를 제외한 모든 여자 하사관에게 임신을 허용하였다. 전방 등의 오지에서 근무하게 될 경우 보육시설이 부족하여 어린 자녀를 둔 여군들은 육아에 대한 부담이 많으며, 육아 문제에 곤경을 겪는 경우 군복무를 포기하기도 한다(주찬진, 2000).

또한 교직은 임금체계나 정년 등에서 차별이 없고 결혼이나 임신, 출산 등의 이유로 퇴직 당하지 않음이 법적으로 보장되어 있으며, 출산 휴가, 또는 육아 휴직이 가능하므로 출산, 육아를 담당하면서도 정년까지의 평생근무가 가능하다. 또한 출퇴근 시간도 대체로 일정하고 방학이 있어 다른 직종의 여성보다 육아와 가사를 담당하는데 비교적 이점을 가지고 있다는 점 때문에 교직에서 여성이 증대되고 있다(김경화, 2003).

특히 우리나라에서 농촌 지역에 비해 도시지역에 여교원 비율이 높은 주요 이유는 자녀양육 때문에 가족을 떠날 수 없는 기혼 여성들이 자녀들의 교육을 위해 도시지역 근무를 선호하기 때문이다. 여성들의 도시지역 근무 선호경향은 승진을 위한 벽지점수를 얻는 데는 불리하므로 여성의 승진을 저해하는 요인으로 작용하기도 한다. 이는 교육공무원 승진규정 시행에 있어 여교사에게 가장 불리하다고 여겨지는 요인이 도서 벽지 점수임을 보아도 알 수 있다(민무숙, 1996).

(3) 노동시장에서의 성별 불평등

교직에서 여성 비율이 높아지는 현상은 노동시장의 조건과도 긴밀히 관련된다. 산업의 발달이 급격하게 이루어지는 시기나 경제적 호황기에 사회경제적 지위가 교직보다 더 나은 직업이 많아지면 남성들의 교직에 대한 선호는 줄어든다. 유능한 남성들이 교직보다 보수 및 발전가능성이 높은 직업을 선택하는 추세가 증가하고, 교직에 있던 남성들도 이직을 하게 된다. 교직을 남성들이 선택하지 않음으로써, 그 자리를 여성들이 대치하게 되었고 그 결과 교직의 여성화가 촉진된 것이다.

　미국에서는 19세기 후반 교직의 여성화가 급격하게 진행되었다. 이 시기에 교직에 대한 수요가 증가하였으며, 공급 면에서도 여성인력이 교직에 제공될 수 있었던 것은 경제적인 측면에 그 이유가 있다. 우선 수요 면에서 볼 때 인구의 증가와 보편교육의 확대로 학교가 증가하고 교육 받는 사람이 많아져 교직에 대한 수요가 증가하였다. 더구나 교사의 재직기간이 2~3년으로 짧았기 때문에 교직 여성화는 급격하게 일어날 수 있었다. 공급 면에서 보면 여성의 교육수준이 상승하였으며, 산업화에 따라 생산이 가정 밖으로 옮겨짐에 따라 부모의 입장에서는 젊은 여성들이 가사 일에 종사할 필요가 줄어들었다. 또한 여성은 교직 이외의 다른 직업에서 배제 당함으로써 다른 직업을 얻을 수 없었으므로 교직을 원하는 여성의 공급은 증가하였고, 그 결과 그들의 임금은 남성보다 낮았다(Strober, & Tyack, 1980: 495-496).

　20세기에 들어와서도 교직의 여성화 추세는 노동시장의 특성과 긴밀히 관련되어 진행되었다. 남성인력이 부족한 전쟁 중에는 여성의 교직에의 고용이 확대되었다가, 불경기가 되면 기혼여성의 교직에의 고용은 불리해졌다(Oram, 1987).

　여성인력이 공급 과잉된 까닭에 미국에서는 교직에서 여성과 남성의 임금 격차가 컸다. 여성의 저임금은 학교 운영비용을 절감하는데 도움이 되었으므로 교직의 여성화를 촉진시켰으나, 여교원의 저임금으로 인해 교직 내에서 여성의 상대적 지위는 낮았으며 이는 다시 남성교원들의 임금을 높이지 못하는 이유가 되기도 했다. 더 좋은 보수와 근무조건을 요구하는 남교사의 요구에 대해 교육위원회가 저임금에도 불구하고 교직을 선호하는 여성 예비노동력이 많은 현상을 근거로 대항할 수 있었기 때문이다(Acker, 1983 : 125).

교직의 여성화가 노동시장의 조건에 의해 이루어진다는 또 하나의 예로 교직의 여성화가 급격히 진행되던 시기에 미국의 농촌 지역에서는 도시 지역에 비해 교직의 여성화가 덜했다는 점을 들 수 있다. 농촌 지역에서는 도시 지역에 비해 가정에서 딸들의 가사 노동이 더 필요했으며 남성들은 임금이 높은 다른 직업을 얻을 기회가 드물었다. 그래서 도시 지역에 비해 농촌 지역에서는 교직에서 남성 비율이 더 높았으며 양성 간 임금도 보다 평등하였다(Strober, & Tyack, 1980 : 495-496). 학기가 짧고 교사에게 요구되는 조건이 별로 없었던 시기에는 교직은 일시적인 부업으로 간주되어 농촌에서는 남성들이 대학이 쉬는 동안, 혹은 다른 직종으로 가기 전에 잠깐 머무르는 직업으로 여겨졌다. 그러나 교직에 대한 국가 통제가 강화되어 학기가 길어지고 농촌 교사에게 요구되는 직업적 조건이 강화되자 교직은 다른 직업으로 옮기기 전 임시로 머무르는 단기간의 부업이 아니라 주업으로 인식되었고, 교직의 저임금은 남성들에게는 기회비용을 지불할 만큼 매력이 있지 않았으므로 농촌 지역에서도 남성들에게 교직은 더 이상 선호되는 직업이 아니었다. 미혼 여성들은 가족과 함께 지역에 거주할 것이 기대되었지만, 남성들은 상업, 전문직, 공업 등 다양한 직업 기회를 위해 도시로 이주할 수 있었기 때문에 남성들은 교직을 기피하게 되었다(Strober, & Tyack, 1980 : 498-499).

우리나라의 경우 지식에 대한 접근이 남성에게만 가능했던 전통 신분 사회에서 교사직은 남성들의 직업이었다. 고려시대나 조선시대 귀족의 자제를 가르치는 역할을 하는 관직의 지위는 다른 관직에 비해 높은 편은 아니었으며 이들의 보수도 다른 관직에 비해 낮은 점으로 보아 교사의 사회적 지위는 그다지 높은 편이라고 보기는 어렵다. 그러나 스승에 대한 존경과 신뢰가 높았던 점으로 보면 교사의 사회적 지위는 아주 낮았다고 보기도 어렵다. 그러나 서양의 신교육제도가 들어오기 시작한 조선 말기나 일제시대에는 교사에 대한 사회적 인식이 높았다. 새로운 신학문에 대한 동경과 지식인으로서의 교사에 대한 동경으로 사범학교의 인기는 높았으며 교직이 새로운 직종으로 부상하였다(안창선, 남경현, 이욱범, 1999 : 218-219).

일제시대나 해방 후 1950년대까지는 교직은 소수의 인재들이나 얻을 수 있는 구하기 힘든 직장이었다. 해방 후 급속히 늘어난 고등교육 수혜자가 산업의 미발달로 진출할 수 있는 직종이 매우 제한되어 있었으므로 교사는 최고의 높은 사회적 지위를 유지해 왔다. 60년대 이후의 급격한 산업화는 거의 교직에 한정되다시피 했던 고급 인력의 취업구조를 붕괴시켜 사기업의 취업 기회가 확대되자 교직은 상대적으로 발전가능성이 적은 분야로 인식되었고 교직은 그 매력이 줄어들게 되었으며 교사의 사회적 지위와 자질도 낮아지게 되었다(안창선, 남경현, 이욱범, 1999 : 11-12).

특히 1970년대부터 80년대까지는 우리나라에서 급속도의 경제성장과 산업화가 진행된 시기로서 70년대 호황과 수출 붐으로 무역업이나 기업체 등 인기 직종으로 남성 인력이 진출하고 여성이 교직에 대리 충원된 시기라 할 수 있다. 이 시기 동안 교원의 이직률이 증가하였으며 80년대 후반에 이르러 이직률이 감소하는 현상을 볼 수 있다(이인호, 1991 : 78).

또한 1997년 외환위기 이후 일반 대기업에서 구조조정이 자주 이루어지면서 교사는 다시 인기 직종으로 부상했다(고정애, 이원진, 2006. 5. 15). 하지만 1998년부터 2009년까지의 사회조사 통계를 볼 때 여성이 가정일과 관계없이 평생 직업을 가지기를 바라는 비율은 점점 높아지고 있으며, 남성보다 여성 자신이 직업을 가지고자 하는 비율이 더 높다. 이처럼 1990년대 말부터 2000년대에 이르러서는 여성의 사회진출에 대한 희망이 높아짐에 따라 교직의 여성화는 지속되었다고 볼 수 있다.

<표 Ⅲ-3> 여성 취업에 대한 태도

연도	성별	15세 이상 인구	직업을 갖는 것이 좋다	가정일만 전념	결혼 전까지만	첫 자녀 출산 전까지만	자녀가 성장한후	결혼 전과 자녀 성장 후	가정 일 관계 없이 계속 직업 가짐	잘 모르겠다
1998	남자	100.0	84.9	11.6	13.1	8.4	15.0	25.2	23.1	3.7
	여자	100.0	89.0	8.5	10.3	6.7	14.0	27.6	30.4	2.6
2002	남자	100.0	83.3	10.3	6.1	8.1	14.3	24.6	30.2	6.3
	여자	100.0	89.8	6.0	4.4	5.5	13.4	26.2	40.2	4.2
2006	남자	100.0	81.8	10.9	5.9	8.8	14.3	27.6	43.3	7.4
	여자	100.0	89.0	6.7	4.1	6.0	11.9	27.2	50.8	4.3
2009	남자	100.0	80.8	10.7	5.8	8.0	12.3	23.0	50.9	8.5
	여자	100.0	86.6	8.0	4.0	5.9	10.8	23.5	55.9	5.4

자료 : 통계청 사회조사통계 해당 연도

　　미국의 경우와는 달리 우리나라에서는 남교원과 여교원의 임금의 차이는 없지만 타 직종에 비해 교원의 임금이 낮았다는 점이 남성들의 교직 기피 원인이 되었으므로 결과적으로 교직의 여성화를 촉진시키는 원인이 되었다. 산업의 발달로 대기업이 많아지고 고학력 고소득 직업이 증가하여 교직은 타 직종에 비교해 상대적 임금이 낮았으므로 남성들은 교직을 기피하거나, 교직에서 타 직종으로 이직하였다. 고소득의 타 직종에서는 입직 단계부터 성차별이 있었기 때문에 여성 대졸자에게는 이런 직업에 취업할 기회가 주어지지 않은 반면 교직에의 입직은 남녀 평등하였기 때문에 교직은 여성들이 선택하는 직종이 되었다. 보수 면에서도 교직은 생산직, 판매직, 서비스직 등 여성들이 주로 취업하였던 저임금의 직업이나 무보수 가사노동보다는 여성들에게는 매력 있는 대안이 될 수 있었다. 결국 교직의 타직종 대비 상대적 저임금은 남성들로 하여금 교직을 기피하게 만들었으며, 남자 교원의 자리를 채우는 대체 인력으로 고학력 여성들이 충원됨으로써 교직의 여성화가 이루어진 것이다.

직업을 얻기 위해 받아야 하는 교육에 드는 비용과 직업을 얻은 후의 소득을 대비한 수익률을 비교해 볼 때, 교직은 다른 분야의 전문 직업에 비해 경제적인 보상은 불리한 편이다. 초임과 30년 후의 보수 수준이 학사 학위를 지닌 다른 직업 분야에 비해 교직이 낮기 때문이다(김명수, 1995). 따라서 직업을 선택할 때 경제적 가치를 중시하는 남성들에게는 교직의 매력은 그다지 높다고 보기 어렵다.

반면 여성에게는 상황이 다르다. 우리나라 노동시장에서 여성은 남성에 비해 주변 산업, 2차 노동시장, 여성형 직업 단층에 분포되어 있으며, 남녀간 임금격차가 있고, 근속연수가 짧고, 고용안정성이 낮다(김영화, 1989). 실제로 우리나라에서 기혼, 고학력 여성의 고용비율은 매우 낮다(김경근, 1991). 평생 동안 직업을 가지고 싶어하는 여성의 요구는 증가하지만 고학력, 기혼여성이 직업을 가질 수 있는 가능성이 크지 않은 현실 속에서 취업시 성차별이 없고, 결혼 이후에도 지속적으로 직업을 유지할 수 있는 교직은 여성에게는 매력 있는 직업으로 선호된다.

2. 남녀교사의 역할과 양성평등

법적으로 교사는 성별에 따라 역할이 분리되거나 대우가 다르지는 않으므로 교직은 비교적 양성평등한 직업으로 인식된다. 하지만 실제적으로 학교에서 남녀교사의 역할은 서로 다르다는 인식이 있어 교직의 여성화는 단순히 여성의 비율이 증가하는 현상으로 받아들여진 것이 아니라, 교육적으로 문제를 야기할 것이라고 여겨졌고 우려의 대상이 되었다.

교직의 여성화 현상으로 남교사가 부족해짐으로써 교육적으로 어떤 문제가 생길 것인가에 대한 연구는 70년대부터 이루어졌다(김윤태, 임창환, 한경수, 1971; 신극범 외, 1984). 연구결과들은 교사 업무의 여러 영역에 따라 혹은 응답자의 성별이나 집단의 특성에 따라 매우 복합적으로 나타났기 때문에 일반적인 결론을 내리기는 어렵다. 80년대와 90년대에 이르러 교직 여성화를 문제시하는 논의들이 근거가 빈약하다는 지적이 제기되었지만(한명희, 1987; 박덕규, 1999), 2007년 5월 시도교육감 협의회에서 남교사 할당제를 교육부에 건의하는 등(백승호, 2008. 3. 31) 교직의 여성화에 대한 우려는 최근까지 지속되고 있다.

교직의 여성화가 교육적인 문제를 야기할 것이라는 지적은 법률적으로나 공식적으로 남녀교사의 역할에는 차이가 없다하더라도 현실적으로 남녀교사는 다른 인성적 특징을 지니고 있으며, 교직 내에서 다른 역할을 수행하고 있음을 전제로 하고 있다. 이러한 남녀교사의 눈에 보이지 않는 역할의 차이가 아동의 교육과 학교 운영에 부정적 영향을 미칠 것이라는 근거에서 교직 여성화를 우려하는 것이다. 따라서 남녀교사의 역할의 차이와 이러한 역할의 차이가 야기하는 교육적 영향력에 대해 살펴보아야 하며, 이를 근거로 교직 내 양성평등을 위한 방향을 모색해야 할 것이다.

가. 아동의 성역할

교직 여성화 현상이 교육에 미치는 영향 가운데 자주 거론되는 문제는 아동의 성역할 사회화에 관한 것이다. 미국에서도 20세기 초부터 심리학자들과 남교사 연합 등에서 교직의 여성화는 아동의 여성화를 초래할 것으로 우려하였다(Are there too many women teachers, 1904; Hall, 1908; Chadwick, 1914; Sexton, 1970). 우리나라에서도 교직의 여성화가 남학생의 여성화를 초래할 것이라는 우려가 70년대부터 최근까지 계속적으로 지적되고 있다(김윤태, 임창환, 한경수, 1971; 김용숙, 1987; 남성교사 적어 고민, 1996. 5. 16.).

교직의 여성화가 아동의 여성화를 초래한다는 주장은 사회학습이론에 의해 지지된다. 사회학습이론의 관점에서 볼 때 교직의 여성화가 아동의 여성화를 초래한다는 주장은 다음 두 가지 전제를 근거로 한다. 첫째, 교직의 여성화로 남성 역할 모델이 부족해진다는 점이다. 둘째, 여교사는 여성적 행동을 기준으로 삼기 때문에 남교사와 달리 여성적 행동을 강화한다는 점이다.

그러나 성역할 사회학습이론에 따르면 부모가 중요한 성역할 모델이지만 형제, 친구, 교사, 대중매체나 동화의 주인공 등 개인이 관찰하는 대상은 누구나 모델이 된다. 생활이 복잡하고 매체가 발달한 현대 사회에서는 성역할 모델의 자원이 다양하고 풍부하기 때문에 중요한 성역할 모델로서의 남교사가 학교에서 부족하다는 점 때문에 남학생이 여성화 된다고 보기 어렵다. 게다가 여러 연구를 검토한 결과 아동이 동성의 모델을 따르는 일관성 있는 경향을 보이지도 않는다는 지적도 있으며(Maccoby, & Jacklin, 1974), 모델의 성보다는 모델의 행동이 성별 적합한 전형적인 행동일 때 모방이 더 잘 이루어진다는 연구도 있다(Barkley et al., 1977; Perry, & Bussey, 1979).

게다가 우리나라에서 이루어진 연구들에 의하면, 여교사가 남교사보다 여성적 특성을 더 강화한다고 보기는 어려우며, 교사들의 기대와 행동은 학생의 성별에 따른 고정관념을 반영하는 것으로 보인다(심미옥, 1999). 또한 여교사의 담임 횟수는 학생의 성역할 사회화에 영향을 미치지 못하는 것으로 나타났다(민무숙, 정해숙, 강태중, 2000).

성역할 발달에서 인지적 접근을 강조하는 인지발달론은 외부의 영향을 강조하는 사회학습이론과는 달리 자신의 세계를 스스로 구축하는 개인의 능동적인 입장을 상대적으로 더 중시한다. 인지발달이론에서는 같은 성을 지닌 모델의 영향력을 중시하지만, 지적 성숙과 안정되고 긍정적인 자아상을 유지하려는 동기에 의해 성역할 발달이 이루어진다고 보기 때문에 이미 남성적인 흥미와 가치관을 가진 남학생들이 여성보다 남성교사나 남성모델을 더 좋아하는 현상을 설명하기에는 적절하지만, 이 이론에 입각하여 학교에서 여교사가 증가함에 따라 학령 전 경험을 통하여 남성으로서의 정체감을 이미 지니고 있는 남학생을 여성화시킨다고 주장하기는 어렵다(심미옥, 1999). 그러므로 결국 교직의 여성화로 남학생의 인성이 여성화된다는 주장은 그 우려에 비해 이론적, 실증적 증거가 부족하다 할 수 있다.

그럼에도 불구하고 교직의 여성화로 남학생의 인성이 여성화되는 것을 우려하는 이유는 사회 내에서 전통적 성역할을 바람직한 것으로 여기고 있기 때문이다. 미국에서도 교직여성화로 남성다움이 쇠퇴되는 것을 우려하는 주장들은 성역할을 유지하려는 이데올로기적 관심을 드러내는 것이라는 비판을 받는다(Tyack, & Hansot, 1990).

전통적 성역할 고정관념은 남성성과 여성성을 정반대되는 특성으로 보며 남성은 남성답게 여성은 여성답게 사회화되는 것을 당연한 것으로 본다. 그러나 남성성과 여성성은 한 개인 안에 동시에 존재할 수 있는 특성이며 남성성과 여성성을 다 지닌 양성적 인간이 더 융통성 있고 효율적이라는 관점에서 볼 때 교사는 자신의 성별과 관계없이 양성의 특징을 다 지닐 수도 있으며, 아동들에게도 양성적 특징을 격려하는 것을 바람직한 교육의 목표로 삼을 수 있다.

나. 학생지도

서구에서는 여교사가 여성적 특성을 선호하며, 남성적 특성을 지닌 남학생에 대해 부정적으로 대하기 때문에 남학생의 학업성취가 불리하다는 주장이 자주 제기되었다(St. John, 1932; Goldman, 1970; Sexton, 1970). 그러나 남녀교사를 대상으로 한 연구들은 남성적 특성을 지닌 남학생에게 더 부정적으로 대하는 경향은 여교사뿐이 아니라 남교사도 마찬가지임을 지적하고 있다(Stake, & Katz, 1982).

학교 조직은 언어와 상징으로 구성된 교과지식의 전달을 주요 목적으로 하며, 학급은 한명의 교사가 다수 학생을 가르치는 곳이기 때문에 학교에서는 개인의 요구를 즉시 충족시키기 어려우며 집단에 대한 통제가 매우 중요하다. 학급 상황에서 학생들은 앉아서 수동적으로 학습하는 일을 주로 하기 때문에 활동적, 적극적, 도전적인 특성보다 가만히 앉아서 듣고, 교사의 지시에 따르는 수동적이고 순종적인 특성이 더 많이 요구된다. 따라서 학교 상황에서 긍정적으로 여겨지는 특성들은 남성역할이라기 보다 여성역할에 더 가깝다.

학교의 목적을 달성하기 위해 교사들은 수업의 진행에 방해가 되는 행동을 하는 경향이 높은 공격적, 활동적인 남학생에게 부정적인 태도를 보인다. 이러한 현상은 교사로서의 업무와 관련되기 때문에 교사의 성별과 관계없이 나타나는 특징이다. 또한 남녀교사의 유사성은 여학생 보다 남학생에 대해 더 부정적으로 반응한다는 점뿐만 아니라 긍정적 반응도 남학생에게 더 많이 한다는 점에서도 나타난다(Good, Sike, & Brophy, 1973; Brophy, & Good, 1974; Hillman, & Davenport, 1978; Gold, & Reise, 1982). 즉, 교사의 통제에 잘 따르는 우수한 남학생은 교사의 긍정적 관심을 끌게 되지만 수업에 방해가 되는 행동을 하는 소수의 남학생은 부정적 관심을 끌게 된다. 이는 결국 교사의 성별이나 학생의 성별이 문제가 되는 것이 아니라 학생의 행동이 교사의 반응을 결정한다는 것을 의미한다.

여교사가 남학생의 성취에 부정적인 영향을 미칠 것이라고 보았던 서구 사회와는 달리 우리나라에서는 여교사는 학습지도를 위한 준비도 열심히 하며, 학습지도는 남교사에 뒤지지 않는 것으로 인식되고 있다. 그러나 학생의 학교에서의 지도와 관련하여 여교사는 남학생의 생활지도에 어려움이 있으며, 교과지도에 있어서는 여교사가 남교사에 비해 체육, 실과, 수리 탐구 영역 등 일부 교과지도를 잘하지 못한다는 점을 문제시 한다(김윤태, 임창환, 한경수, 1971; 이인효, 1992; 민무숙, 정해숙, 강태중, 2000).

그러나 남교사가 여학생의 생활지도에 어려움이 있다는 것이나 음악교과 지도와 같이 남교사가 잘하지 못하는 영역의 문제는 상대적으로 문제시되지 않는다는 점은 학교에서 어떤 집단이 불리한가에 따라 문제의 심각성에 대한 인식이 다름을 보여준다. 남교사가 많았던 시절 여학생의 생활지도에 어려움이 있는 것은 문제시 되지 않았지만, 여교사가 많아짐에 따라 남학생 생활지도가 제대로 되지 못하는 것은 문제가 되며, 여교사가 음악지도에 유리한 것은 높이 평가되지 않으며, 남

교사가 체육지도에 유리한 것은 높이 평가된다는 사실은 여성의 불가
시성의 한 면이라고 할 수 있다(심미옥, 2002 : 155-156). 이는 여성
에게 불리한 점은 사회적으로 크게 부각되고, 여성에게 유리한 점은
드러내지 않는 편견이 존재함을 보여준다. 교직 내에서 양성평등을 이
루기 위해서는 남교사의 장점과 여교사의 장점을 각각 인정하고, 부족
한 점은 보완할 수 있는 방안을 마련하여 학생지도에 임하도록 하여야
할 것이다.

다. 학교 운영

교직의 여성화는 학생의 지도뿐만 아니라 학교를 운영하고 관리
하는 측면에서도 부정적 영향을 미친다고 여겨진다. 여교사는 남교
사에 비해 능력과 일하려는 의욕이 부족하며, 출산 등의 이유로 휴
가를 주어야 하므로 교직에서 환영받지 못한다는 인식이 교원들 사
이에는 있다(김윤태, 임창환, 한경수, 1971; 우은복, 1999). 뿐만
아니라 교직 업무 가운데 여교사가 할 수 없는 일이 있다는 응답이
남교사가 할 수 없는 일이 있다는 응답에 비해 더 높다는 결과는
(민무숙, 정해숙, 강태중, 2000) 여교사의 업무 역량이 남교사에
비해 부족하다는 행정가, 교사들의 인식을 보여준다.

남교사와 여교사는 모두 교육을 담당하는 동일한 역할을 하는 것
으로 보이지만, 교직 내에서 성별분업 현상은 여러 가지 측면에서
드러난다. 교사의 성별에 따라 담당하기 적합하거나 선호하는 업
무, 학년, 근무지역이 있다는 인식이 교직 사회에는 암암리에 존재

한다. 교사의 공식적, 비공식적 업무분장 가운데도 차나 음식 준비, 손님 접대, 청소, 자질구레한 뒷정리 등은 여교사가 담당하고, 궂은 일, 힘든 일은 남교사가 담당한다. 여교사는 교내에서 근무시간 안에 처리할 수 있는 업무를 선호하지만 남교사는 근무 시간 이외에 해야 하는 과외의 일을 맡거나 교외의 일, 단체활동의 지도를 담당한다. 저학년은 여교사, 고학년은 남교사가 담임하며, 여교사는 도시 지역 근무를 선호하고 남교사는 벽지 근무도 가능하다고 본다. 또한 세밀하게 학생을 돌보고 가르치는 일을 담당하는 교사는 여교사가 많지만, 학교 일에 적극 참여하고 의사결정을 하거나 더 높은 권위를 가지고 운영관리를 담당하는 행정적인 일은 남교사가 담당한다(김윤태, 임창환, 한경수, 1971; 이인효, 1992; 심미옥, 라병소, 백정자, 1997; 우은복, 1999; 민무숙, 정해숙, 강태중, 2000).

그런데 남녀교사의 성별에 따른 분업은 여교사의 여성으로서의 사회화 혹은 가사일에 대한 책임 때문이라고 설명된다. 실제로 남녀교사들이나 행정가들은 이런 점을 고려해 업무를 분장하고 일을 나누어 한다. 학교에서 일어나는 일들은 매우 다양하기 때문에 교직에서 여성의 비율이 높아지면 그동안 남교사가 담당해왔던 일들이 소수의 남교사에게 부과되기 때문에 남교사의 업무 부담이 증가하고 원활한 학교 운영에 어려움을 초래할 수도 있다. 따라서 남교사가 부족한 경우 행정가들과 동료교사들은 남교사를 선호하고, 남교사를 자신의 학교에 유치하려는 경향이 있다(신극범 외, 1984;

심미옥, 라병소, 백정자, 1997; 민무숙, 정해숙, 김태중, 2000, 백승호, 2008. 3. 31). 또한 행정가나 동료 교사들이 남녀교사에게 다른 일을 맡기는 것은 서로의 역량이 다르기 때문에 일어나는 자연스러운 일이라고 보는 경향이 있으며, 때로는 차별이라기보다 본인이 원하는 대로 해주는 배려로도 인식되고 있으며, 여교사 자신의 선택이나 양보이기도 하다(강세영, 1988; 민무숙, 정해숙, 김태중, 2000).

학교를 운영하기 위해 교사에게 부과되는 업무 가운데 여교사가 담당하기 어려운 일이 있다면 교직의 여성화는 학교 운영에 어려움을 야기한다. 하지만 이러한 일들이 단지 성별분업이라는 관행에 따른 업무분장이라면 성별보다는 개인의 능력과 적성에 따라 업무를 분장해야 할 것이다. 이를 위하여 여교사들이 그동안 남교사에게 맡겨졌던 학교의 업무를 적극적으로 맡도록 여교사들의 동기를 유발하고, 여교사들이 적극성, 지도력, 행정 능력을 개발하도록 촉진하여야 한다. 또한 그동안 남교사가 해왔던 일 가운데 교사의 전문성을 필요로 하지 않으며, 따라서 반드시 교사가 하지 않아도 되는 일들은 최소한으로 줄이고, 첨단 장비나 용역 시스템을 통해 대치하는 등의 방법을 강구함으로써 교사가 해야 할 일들 중 대부분을 여성이 담당할 수 있도록 업무를 개선할 필요가 있다. 그렇게 되면 남녀교사에게 업무를 균형적으로 배분할 수 있고, 남교사 부족으로 과중한 업무를 맡고 있는 남교사들의 부담도 감소시킬 수 있으며, 교직의 전문성도 향상될 것이다.

3. 교직에서의 승진과 양성평등

가. 관리직에서의 남녀비율의 차이

교직 내 여교사 비율이 증가하여 여성이 수적으로 다수 집단이 되었다 해도 그 자체로 여성이 우월한 위치를 차지하는 것은 아니다. 교직 내에서 보다 중요한 결정의 권한을 지닌 권위 있는 위치에 여성의 비율이 증가하지 않는다면 교직 내 양성평등이 이루어졌다고 말하기 어렵다.

Williams(1992)는 남성이 다수를 차지하는 직업에서 여성은 고용, 승진 등 공식적, 비공식적, 문화적 측면에서 차별을 당하는 불리한 소수 집단이지만, 간호사, 초등교사, 사서, 사회복지사 등 여성이 다수를 점하는 직업에서 남성은 소수이기 때문에 오히려 그 가치가 높이 평가되어 고용이나 승진에서 불이익을 당하는 일이 없으며 더 유리하다는 점을 지적한다. 즉, 남성적 직업에서 일하는 여성은 직업 밖에서는 높이 평가되지만 직업 내에서는 보다 나은 경력을 얻기 어려운 유리 천장(glass ceiling)에 막혀 있으며, 여성적 직업에서 일하는 남성은 직업 밖에서는 차별적 편견을 경험하지만 직업 내에서는 저절로 더 나은 경력으로 밀려가는 유리 에스컬레이터(glass escalator)를 타고 있는 것으로 보인다.

그러므로 교직에서의 양성평등을 추구하기 위해서 반드시 검토해 보아야 할 문제는 교직 내에서 여성의 비율이 증가하는 것에 비례하여 상위직의 여성 비율도 증가하는가 하는 문제이다. 다음 〈표 Ⅲ-4〉에서 보듯이 여교원 가운데 평교사의 비율은 급속도로 증가한 반면 보직교사, 교감, 교장의 비율은 그 증가 비율이 매우 낮다. 특히 교감, 교장 중 여성의 비율은 매우 낮아 교감, 교장 중 80% 이상을 남성이 차지하고 있음을 알 수 있다. 이는 전체 교원 중 여교원의 비율이 70% 이상이며, 평교사 중 80% 이상은 여성이 차지하고 있는 것과 대비해 볼 때 정반대의 현상이다. Strober와 Tyack(1980)의 표현처럼 '여성은 가르치고, 남성은 경영하는(women teach, men manage)' 구분이 교직 내에서 나타난다. 이처럼 여성이 교직에는 다수 진출하였으나 승진하지 못하기 때문에 교직사회 내에서 성별에 따른 위계가 생긴다는 사실은 교직사회 내의 주요 성별불평등 현상 중의 하나라 할 수 있다.

나. 여교원의 승진 저해 요인

교육공무원승진규정에 의하면 교사의 승진 조건은 다음 〈표 Ⅲ-5〉와 같다. 이 규정 자체는 남녀교사에게 모두 공통적으로 적용되기 때문에 승진을 결정하는 기준 자체가 성차별적인 것은 아니다. 하지만 실제 승진하는 여교원의 비율이 낮은 것은 눈에 보이지 않게 작용하는 승진 저해 요인이 존재하기 때문이다.

<표 Ⅲ-4> 직위별 여교원 수

연도	교장		교감		보직교사		평교사*	
	총수	여자 (비율)	총수	여자 (비율)	총수	여자 (비율)	총수	여자 (비율)
1965	5,068	24 (.5)	4,519	62 (1.4)	–	–	69,550	20,094 (28.9)
1970	5,904	50 (.8)	5,659	102 (1.8)	–	–	89,532	29,276 (32.7)
1975	6,357	83 (1.3)	6,210	238 (3.8)	18,543	1,229 (6.6)	77,016	34,890 (45.3)
1980	6,448	115 (1.8)	6,353	255 (4.0)	27,609	2,266 (8.2)	75,654	41,156 (52.3)
1985	6,512	122 (1.9)	7,090	284 (4.0)	28,009	3,082 (11.0)	85,174	51,112 (60.0)
1990	6,325	159 (2.5)	7,134	311 (4.4)	29,261	5,672 (19.4)	94,080	62,462 (66.4)
1995	5,760	222 (3.9)	6,457	429 (6.6)	26,580	7,716 (29.0)	97,950	67,061 (68.5)
2000	5,231	367 (7.0)	5,467	489 (8.9)	28,008	11,875 (42.4)	98,909	78,094 (79.0)
2005	5,614	490 (8.7)	6,120	892 (14.6)	32,042	18,838 (58.8)	116,367	93,531 (80.4)
2009	5,791	747 (12.9)	6,950	1,374 (19.8)	31,827	20,228 (63.6)	131,400	108,203 (82.3)

자료 : 교육통계연보 해당 연도
*교사, 전문상담교사, 사서교사, 보건교사, 영양교사, 기간제교사 포함

<표 Ⅲ-5> 교육공무원 승진을 위한 조건

영역(만점)	조 건	
경력 (70점)	기본 15년	
	초과 5년	
근무성적 (100점)	근무성적평정 (70점)	평정자
		확인자
	다면평가 (30점)	동료교사
연수성적 (30점)	교육평정(27점)	직무연수성적(18점)
		자격연수성적(9점)
	연구실적 (3점)	학위취득 각종 연구대회 실적
가산점 (13점)	공통가산점 (3점)	연구학교, 시범학교, 실험학교(1.25점)
		재외국민교육기관파견근무(0.75점)
		연수학점(1점)
	선택가산점 (10점)	1. 도서벽지에 있는 교육기관 또는 교육행정기관에 근무한 경력 2. 농어촌교육의 진흥을 위하여 지정한 지역의 학교에 근무한 경력 3. 그 밖의 교육발전 또는 교육공무원의 전문성 신장 등을 위해 명부작성권자가 필요하다고 인정하는 경력이나 실적*

자료 : 교육공무원승진규정에 근거하여 정리

* 강원도교육공무원 승진가산점 평정기준 공고(강원도교육청 공고 2008-30호)에 의하면 보직교사, 장학사, 연구사, 한센병환자의 자녀 학교, 연구학교, 특수학교, 기술자격, 겸임교사, 교육실습협력학교, 청소년단체활동지도, 교감 미배치교 교무부장 경력 등이 이에 해당됨.

교직에서 여성이 교육행정직 등 상위직을 차지하는 비율이 낮은 이유를 설명하는 이론은 학자마다 다양하다. Kerckhoff(1976)는 한 개인의 지위성취 과정을 설명하기 위해 사회화 모델(socialization model)과 배치 모델(allocation model)의 두 가지 관점을 제시하고 있다. 가정과 학교와 같은 제도 속에서 사회화 과정을 통하여 사회적 성취가 이루어진다는 것이 사회화 모델이며, 배치 모델은 외적으로 부여된 기준에 따라 개인을 확인하고, 선별하고, 처리하고, 분류하고, 배치하는 사회적 힘의 중요성을 강조한다. 사회화 모델이 개인의 동기와 기술을 중시하는 반면, 배치 모델은 구조적 한계와 선발의 기준을 중시한다. 사회화 모델은 사회체제 내에서 개인은 자신의 선택과 능력에 따라 자유롭게 사회적 이동이 가능한 것으로 보며, 배치 모델에서는 개인은 사회구조에 의해 제한을 받으며 개인의 성취는 그에게 무엇이 허용되었는가에 의해 결정된다고 본다.

Estler(1975)는 교직에서 여성이 행정직에 낮은 비율을 점하고 있는 현상을 설명하기 위해 여성의 위치 모델(women's place model), 차별 모델(discrimination model), 능력주의 모델(meritocracy model)의 세 가지 모델을 제시하고 있다. 여성의 위치 모델은 기본적으로 남성과 여성은 서로 다른 역할을 하도록 사회화된다는 전제에 근거한다. 사회 내에는 여성에게 적합한 일과 남성에게 적합한 일이 있으며 지도력이나 책임감과 같은 특성은 남성적인 것이므로 여성들이 추구하지 않는다는 것이다. 따라서 남성과 여성은 포부수준의 차이가 있으며 이러한 포부수준의 차이는 여성의 자의적 선택에 의해 이루어진다는 것이다. 차별 모델은 제도 내에서 한 집단이 다른 집단을 배제한다는 전제를 가지고 있다. 교직에서도 승진과정에서 남성이 선호되므로 남성은 승진하며, 여성은 비록 승진하고 싶어 하더라도 승진할 수 없다는 것이다. 사람들은 현실적으로 달성할 수 있는 가능성에 따라 자신의 포부수준을 정하므로 차별 모델에서는 여성의 포부수준이 낮은 것은 기회가 제한되었기 때문이라고 설명한다. 능력주의 모델은 가장 능력 있는 사람이 승진한다는 것이다. 남성들이 상위직에 많은 것은 남성들의 능력이 유능하기 때문이라고 보는 것이다(368-370).

Hansot와 Tyack(1981)은 여성이 승진하지 못하는 이유에 대해 세 가지 설명 모델을 제시한다. 첫째는 여성 개인에 초점을 두는 것으로 사회화와 성역할 고정관념과 같은 내적 심리적 장애 요인이 승진을 가로 막는다고 보는 관점이다. 두 번째는 여성의 지위가 낮은 것은 개인의 심리적인 이유 때문이 아니라 조직의 구조와 운영 때문이라고 보는 것이다. 세 번째로는 남성이 세상을 규정하고 운영한다는 점을 든다. 즉, 남성지배(male dominance) 때문에 권력과 지위가 높은 자리로 여성이 승진할 수 없도록 하는 조건이 만들어진다는 것이다(Shakeshaft, 1987 : 82-83 재인용).

우리나라 교원들의 인식을 검토한 연구에 의하면 여교사의 행정직 진출을 어렵게 만드는 주요 요인으로 여교사 개인의 의욕, 노력, 능력의 부족과 같은 개인적 요인과 더불어 여교원이 가사일과 직장일의 이중역할을 담당하기 때문이라는 이중역할 요인, 근무성적평정이나 승진기회 면에서 남성이 더 유리한 조직 내 남성우대풍토 요인을 들고 있다. 특히 남성집단은 여교사 개인의 승진에 대한 관심과 능력 부족이 주요 원인이라고 지적하는 반면 여성집단은 이중역할 요인과 남성우대풍토 요인에 더 비중을 두고 있다(민무숙, 심미옥, 김재웅, 2002).

이들 연구들을 종합하여 교직에서 여성의 승진을 어렵게 만드는 원인을 크게 두 가지로 구분한다면 개인적 측면과 구조적 측면으로 구분해 볼 수 있다(심미옥, 2004). 여교원은 사회 내에 여성으로 사회화되었기 때문에 여성적 특성을 지니고 있으며, 사회 내 성별 분업에 의해 가사, 자녀양육을 담당하는 여성적 역할을 수행하기 때문에 승진에 필요한 조건과 능력을 갖출 수 없다는 점을 지적하는 입장은 승진을 어렵게 만드는 요인을 여성 개인의 한계 때문이라고 보는 관점이다. 다른 한편, 학교조직이나 승진제도 자체가 여성에게 불리하기 때문에 승진이 어렵다고 보는 입장은 사회구조적인 한계가 여성의 승진을 어렵게 만든다고 본다. 개인적인 여건이 승진을 저해한다면 이는 개인적 변화에 의해 극복할 수 있지만, 구조적이 여건이 문제라면 이는 사회적·제도적 변화가 있어야 한다.

이 두 가지 측면은 개념적으로는 구분되지만, 현실적으로는 두 가지가 상호 관련되어 있으며, 시대와 사회에 따라, 각 개인이 처한 상황과 여건에 따라 더 중요한 요인으로 작용하는 측면이 달라질 수 있을 것이다. 따라서 한 가지 측면의 문제만 지적하는 것만으로는 여교원의 승진 저해 요인을 포괄적으로 이해하기 어려우며, 여교원의 승진을 촉진하기 위한 방안 역시 양쪽 측면을 모두 고려해야 할 것이다.

(1) 개인적 측면

여교사가 행정직으로 승진하기 위해서는 행정직에서 요구하는 가치관과 태도, 능력을 갖추어야 한다. 그러나 여성은 행정직에 적합한 방식으로 사회화 되지 않았고, 행정직에서 요구하는 능력도 갖추지 못했기 때문에 승진하지 못한다는 설명 방식은 여성의 승진을 저해하는 가장 중요한 요인을 여성 개인에게서 찾으려는 것이다.

한 개인은 사회 속에서 출생하면서부터 그 문화가 규정하는 바에 따라 성역할 사회화가 이루어진다. 남녀가 사회 내에서 담당하는 역할이 구분된다는 성별분업과 각 성에 적절한 특성의 사회화는 여성의 사회 진출이 증가하는 등 현실적이 여건이 변화하여도 여전히 사회 내의 문화적 규범으로 자리잡고 있다.

Parsons와 Bales(1955)는 남성과 여성의 특성을 도구적(instrumental) 역할과 표현적(expressive) 역할로 구분한다. 남성 역할인 도구적(instrumental) 역할과 여성 역할인 표현적(expressive) 역할은 체제의 외적, 내적 기능의 차이와 관련하여 해석된다. 도구적 영역은 체제 밖의 상황과 체제와의 관계에 관련된다. 즉, 균형을 유지하기 위한 적응적 조건의 충족, 외적인 목표와 바람직한 관계를 도구적으로 맺는 것이다. 한편 표현적 영역은 체제의 내적 상황과 관련된다. 구성원들 사이의 통합적 관계를 유지하는 것, 구성단위의 긴장 수준과 양태를 조절하는 것이 표현적 기능이다. Bakan(1966)은 남성성과 여성성이 유기체의 두 가지 기본 양식과 일치한다고 하였다. 남성성은 행위 주체성(agency)과 일치하고 여성성은 친교성(communion)과 일치한다. 행위

주체성은 개인 존재와 관련되는 것으로 자기 보호, 자기 주장, 자기 확장, 독립성, 고립, 지배 등으로 표현된다. 친교성은 개인을 포함하는 보다 큰 조직에의 참여와 관련되는 것으로, 접촉, 개방성, 결합, 독립심 결여, 비계약적 협동 등의 특질로 표현된다. Parsons와 Bales(1966), Bakan(1966)이 제시한 이러한 기준은 남성은 목표지향적 특성을, 여성은 타인과 관련된 정서적, 상호관계적 특성을 지닌다는 점에서 본질적으로 유사하다.

유아기부터 성별에 따라 부모는 자녀에게 다른 기대를 하고 달리 상호 관계를 맺으며, 학교에 진학하게 되면 교사들의 태도, 학교의 구조, 교과서 내용, 진로지도에 이르기까지 성역할 고정관념을 반영하는 방식으로 사회화가 이루어지기 때문에 여성은 사회적 성취보다 여성적인 역할을 더 중요하게 생각하게 된다. 여성은 직업을 가지더라도 남성보다 직업의 중요성이 덜 강조되므로 가사일에 비해 부차적인 것으로 인식하게 된다. 또한 직업의 선택에 있어서도 여성의 가정에서의 역할과 관련되거나 타인을 돌보고 도와주는 관계적 특성과 관련되는 여성적 직업을 선택하며, 조직의 지도적 위치에 서는 것은 독립적, 지배적 특성과 관련되므로 여성답지 못한 것으로 여기게 되므로 조직의 지도자가 되려는 포부나 희망을 가지기 어렵고 그에 적합한 능력이나 태도를 형성하지 못한다.

이처럼 성역할 사회화와 여성의 능력 부족은 별개의 것이라기보다 서로 관련되어 있다. 타인에 대한 지배나 성취보다 관계적 특성을 강조하는 성역할 사회화 때문에 여성은 타인보다 높은 자리에 오르거나 성공하는 것은 여성답지 않다고 생각하여 두려워하며 기피하게 된다. 그러므로 승진에 대한 열의나 동기가 부족하고 승진에 대한 기대나 지도자 역할에 대한 자신감이 낮다. 그 결과 승진을 위한 행정직에서 요구하는 가치관과 태도를 갖추기 어렵다. 이러한 심리적 특성만이 아니라 여성이 승진에 대한 기대나 관심이 있다 해도 가사 일에 대한 일차적 책임을 지닌 여성의 경우 직업을 갖는다는 것은 이중역할을 의미하고 이중역할의 부담 때문에 여성은 남성만큼 직업에 헌신하여 직업적 경력을 쌓거나, 자신의 능력을 향상시키기 위한 시간과 여력을 내기 힘들다(심미옥, 2004). 생물학적 요인인 임신, 출산으로 인한 휴가를 갖는 것 때문에 동료 교사나 관리자로부터 심리적 위축감을 느끼는 것(민무숙, 정해숙, 김태중, 2000)뿐만 아니라 활동적인 일이나 지도성을 발휘하는 일, 방과 후의 시간을 많이 요구하는 일을 가사와 자녀 양육에 대한 책임 때문에 잘 하지 못하거나 회피하는 것은 여성의 무능함, 직업에 대한 책무감의 부족으로 여겨진다. 또한 대학원 진학이나 연수를 통해 능력을 개발할 수 있는 시간도 여교사는 쉽게 낼 수 없으므로 결국 승진의 기회를 얻는 것도 어려워진다.

　여성의 이중역할 부담이 교직을 지속하는 데에 어려움을 야기함을 보여주는 대표적인 예로써 휴직을 들 수 있다. 〈표 Ⅲ-6〉처럼 경력 단절의 원인이 되는 휴직을 하는 교원의 대부분은 여성이며 그 이유는 육아, 간병, 동반 등 주로 가정에 대한 책임 때문이다.

<표 Ⅲ-6> 초등학교 교원 휴직 이유

	계	여자	여자비율(%)
합계	5,396	4,643	86.0
공무상부상	1	-	0
질병	181	160	88.4
병역	622	-	0
육아	3,883	3,846	
간병	124	121	99.0
동반	306	306	100
학업	91	71	78.0
기타	188	139	73.9

자료 : 교육통계연보(2009)

이처럼 가사일과 자녀양육을 직업과 병행하기 때문에 승진에 필요한 조건을 갖추기 어려워 승진하지 못한다는 점은 결국 사회 내에서 기대되는 여성의 역할이 승진을 저해하는 요소로 작용함을 보여준다.

하지만 교직사회에 여성 비율이 높아졌음에도 불구하고 행정관리직에 여성 진출이 부족한 이유를 성역할 사회화와 같은 이유로 설명하는 방식은 다음과 같은 한계가 있다(심미옥, 2004).

첫째, 이러한 입장에서는 여성이 승진하지 못하는 이유를 성취동기나 포부수준의 부족, 성공과 실패의 귀인(attribution)을 남성과 달리 두는 점(Licht & Dweck, 1983), 성공에 대한 공포(fear of success)(Horner, 1972)와 같은 심리적 요인이나 개인의 노력부족, 능력부족과 같은 개인적 요인에 두고 있다. 이는 여성도 승진에 대한 관심을 더 가지고 노력만 하면 승진할 수 있을 것이라는 가정을 전제로 하고 있는 것이다.

하지만 Acker(1983)는 가족에 대한 책임과 여성의 직업에 대한 헌신의 부족, 직업적 야심의 부족이 교직에서의 여성의 열등한 지위에 대한 설명으로 충분한지 의문을 제기한다. 교직에서의 여성의 열등한 위치를 설명하기에는 이는 너무 단순하며 오히려 교직 사회의 어떤 구체적 상황이 여성의 열등한 위치를 영속화시키는지를 이해할 필요가 있다고 지적한다. 실제로 여성에게 승진 동기가 부족한 것은 단순히 개인적이고 심리적인 차원의 문제만은 아니다. 여성이 승진 동기를 가질 수 없게 되는 과정에는 승진과정에서 일어나는 여성에 대한 차별적 관행이나 승진에 대한 포부를 가질 수 없게 만드는 사회적 압력이나 가능성의 부족 등과 같은 구조적 요인의 문제가 숨어있기 때문이다.

둘째, 성역할 사회화가 여성의 승진을 저해하는 요인이라고 보는 관점은 '여성이 여성적 태도를 포기함으로써 성취할 수 있다'는 심리학적 가정에 의존하고 있다(Middleton, 1987 : 78). 즉 정형화된 성역할에서 벗어남으로써 여성이 성취할 수 있을 것이라고 보는 것이다. 이는 성역할 사회화를 통해 길러지는 특성 가운데 적극성, 독립성, 성취지향성, 지배성과 같은 남성적 측면은 긍정적으로 평가하고 그와 반대로 여성적 측면은 부정적으로 간주하는 것이다. 이는 남성을 기준(norm)으로 보고 여성은 규범을 지니지 못한 것으로 보는 것이기 때문에 여성에 대한 결핍 모델(deficiency model)

이라 할 수 있다. 결핍 모델은 여성이 성취에 적합한 능력과 태도를 지니지 못한 것을 문제 삼기 때문에 여성을 비난하는 희생자 비난(blaming the victims)의 논리를 지니고 있다.

(2) 구조적 측면

교직 사회에서 여교사들의 승진이 어려운 원인을 여성 개인의 문제가 아니라 구조적 측면에서 접근하는 입장은 차별 모델(discrimination model), 혹은 배치 모델(allocation model)이다. 이 입장에서는 여성이 승진하고자 하는 동기나 능력이 있다 하더라도 구조적 한계에 의해 승진이 용이하지 않다는 입장이다. 승진의 과정 속에서 사회구조에 의해 여성이 배제되는 기제가 작용하고 있기 때문에 여성에게는 승진이 허용되지 않으며, 승진은 남성에게 더 유리하다는 것이다. 구조적으로 승진의 기회가 막혀 있다면 여성이 승진에 대한 포부를 갖는 것도 어려워진다. 이러한 입장에서는 여성의 승진동기나 포부수준이 낮은 점은 여성 자신의 선택이라기보다 제한된 기회 때문에 비롯된 것이라고 보기 때문에 현실적으로 여성의 승진기회가 증가한다면 여성의 포부수준이나 승진하고자 하는 노력도 증가할 것이라고 본다.

여교원의 승진에서의 불리점을 구조적 측면에서 이해하기 위해서는 여성 개인의 능력이나 의식이 아니라 상위직을 선발하는 과정에서 여성들에게 불리하게 작용하는 차별적인 거름장치가 어떤 것인지 파악해야 한다. 이를 위해서는 승진제도를 누가, 어떻게 운영하는가를 살펴보아야 할 것이다.

이러한 관점에서 보면 조직 내에서 여성의 고용과 승진에는 여러 가지 유형의 거름장치(filter)가 있어서 승진의 과정을 여성이 통과하지 못하도록 한다. Timpano와 Knight(1976)는 〈표 Ⅲ-7〉과 같이 고용 과정에서 여성을 차별하는 행동을 모집단계, 지원단계, 선발단계, 면접단계, 선발결정단계 5가지 범주로 구분하며 각 단계마다 여성을 차별하기 위한 거름장치가 있음을 지적하였다(Shakeshaft, 1987 : 99 재인용).

하지만 차별 모델의 설명을 입증하기 위해서는 상위직을 선발하는 과정에 어떠한 성차별적 요소가 개입되는지를 드러낼 수 있어야 한다는 어려움이 있다. 우리나라에서는 공식적인 문서상으로 남녀를 차별하는 것은 그 어디에도 없기 때문에 차별로 인한 것인지 능력의 부족으로 인한 것인지 그 경계를 확실히 구분하기 어렵다. 직접적인 차별보다는 간접적인 차별의 경우가 더 많기 때문이다(민무숙, 1996 : 48).

하지만 우리나라에서 이루어진 교원들의 의견조사에 의하면 행정가들이 여교사 보다 남교사를 선호한다는 인식이 높으며, 상위근평 취득, 부장교사 임용, 업무분장, 포상, 각종 추천에서 여교사들이 불이익을 당하고 있다는 응답이 조사 대상 여교사 중 과반수를 넘는다(민무숙, 심미옥, 김재웅, 2002)는 사실은 여성의 승진을 가로막는 구조적인 제한을 여교원들이 인식하고 있음을 보여준다.

예를 들어, 교직에서 승진하기 위해서는 교사들을 이끌고 지도하는 보직 경험이 필요한데 여교사에게는 부장직의 기회가 쉽게 주어

<표 Ⅲ-7> 성차별적 고용행위

〈모집단계에서의 거름 장치〉
- 남성들의 조직망을 통해 구두로 모집
- 지역 내 행정가로서의 자격을 갖춘 여성이 거의 없음을 알면서도 지역 제한을 둠
- 남성이 주 독자인 잡지에 광고

〈지원단계에서의 거름 장치〉
- 지원서에 자녀, 자녀의 나이, 혼인 여부에 관한 질문을 넣는 것
- "수락할 수 있는 가장 낮은 임금"에 대한 질문. 이는 임금에서의 남녀불평등으로 연결된다.
- 지원서를 남녀 구분하여 받는 것

〈선발단계에서의 거름 장치〉
- 특정한 지위에 일정 기간 동안의 재직경험을 요구하는 것과 같이 성공의 예언 지표로 타당성이 입증되지 않은 기준의 사용
- 특정 요구 조건 대신 유사한 혹은 더 우수한 경험으로 대치해줄 것을 허락하지 않는 것
- 남성은 경력 단계를 건너뛰어서 승진할 수 있지만 여성은 모든 단계를 다 거치도록 하는 것
- 여성 지원자에게만 자격증을 요구하는 것

〈면접단계에서의 거름 장치〉
- 면접관이 모두 남자
- 여성에게 자녀 양육이나 남성 하급자가 여성 상급자에게 어떻게 반응할지 등에 관한 부적절한 질문을 하는 것
- 법으로 지원서에 넣지 않도록 되어있는 개인적인 질문을 하거나, 이를 면접관에게 지적하는 지원자를 떨어뜨리는 것
- "왜 이처럼 예쁘고 똑똑한 여성이 장학사가 되려고 하는가"라는 질문과 같이 전문가로서가 아니라 지원자의 여성적인 측면에 초점을 두는 것

〈선발결정단계에서의 거름 장치〉
- 남성의 공격적 태도는 바람직한 것으로 여기고, 여성의 그러한 태도는 적절하지 않은 것으로 여기는 것
- 남성보다 낮은 봉급을 주면서 여성에게 특수한 직명을 붙이는 것

출처 : Timpano and Knight(1976); Shakeshaft(1987: 99)에서 재인용.

지지 않는다. 여교사가 부장직을 맡게 되어도 여교사가 권위를 행사하고 남교사가 따르는 권위구조는 남교사들에게 잘 받아들여지지 않기 때문에 서로 견해가 다를 때 남교사의 협조를 얻기 어려운 여부장은 업무를 수행하기가 매우 어렵다(우은복, 1999). 교직에서 이러한 좌절감을 경험하는 일은 여교사로 하여금 승진에 대한 동기를 갖기 어렵게 만든다.

남교사보다 여교사는 승진에 대한 희망 정도가 낮으며, 승진을 희망하는 경우라도 승진의 가능성이 없다고 보는 여교사가 남교사보다 더 많은데(민무숙, 1996) 이는 교직에서 승진하는 여성이 매우 적으며, 승진 장애 요인이 여성에게는 더 크다는 것을 여교사들이 인식하고 있기 때문이다. 승진가능성이 낮기 때문에 여교사들의 승진에 대한 희망정도가 낮다면, 여교원이 승진을 희망하지 않는 것은 개인의 자발적인 선택이라기보다 구조적 영향력에 의해 결정되는 것이라 볼 수 있다.

다. 승진에서의 양성평등을 위하여

교직의 여성화로 교직에서의 여성 비율은 지속적으로 증가하였으나 상위직에서의 여성 비율은 매우 미미하다. 이는 비록 교직에서 여성 비율이 늘었다 하더라도 교직사회 내에서는 남성과 여성 사이의 위계적 성별관계가 여전히 유지되고 있음을 의미한다. 그러므로 교직에서 여성의 상위직으로의 진출 확대는 교직사회 내의 양성평등을 이루기 위한 주요 과제라 할 수 있다.

교직에서 여성의 승진이 어려운 이유는 개인적 측면과 구조적 측면이라는 양면의 원인이 작용하기 때문이다. 교직 사회에서 여성의 승진을 저해하는 원인을 개인적 측면에서 검토하는 관점은 그 문제의 해결 또한 개인적 측면에서 구해야한다는 시사를 준다. 반면 교직에서 여성의 승진을 저해하는 요인이 구조적 측면에서 비롯된다는 관점은 그 문제의 해결책 또한 사회제도나 구조면에서의 변화에서 강구되어야 한다고 본다.

Estler(1975)는 여성의 성역할 사회화 때문에 여성이 승진하기 어렵다고 보는 관점에서는 여성의 승진을 촉진하기 위해서 여성의 재사회화, 여성들이 직면하고 있는 갈등과 모호성을 줄이는 노력을 하는 정책이 필요하다고 제안한다. 예를 들어 여성의 포부수준을 높이는 프로그램, 전통적 성역할 기대를 수정하는 프로그램의 개발 등이 제시될 수 있다. 성차별적 교육과정을 없애고, 진로지도, 지도성 훈련 프로그램에 대한 관심도 이에 포함된다. 역할갈등을 줄이기 위해서 대안적 아동 보호 프로그램이나 부모의 육아휴직 정책에 대한 관심도 요구된다.

직업을 가진 여성이 이중역할을 계속하는 경우 여성의 일차적 책임은 가정에 있다고 인식하기 때문에 직업에서의 역할은 제한될 수밖에 없다. 따라서 승진에 대한 의욕을 갖거나 지도자로서의 능력을 갖추기 위한 노력을 기울이기 위한 여유를 갖기가 어렵다. 특히 직업을 가진 여성의 이중역할 가운데 가장 부담이 되는 것은 육아문제이므로 여성의 사회참여를 촉진하고 도와주기 위해서는 육아문제가 해결되어야 한다. 교직에서도 마찬가지이다. 여교원의 승진을 촉진하기 위해 육아문제를 해결하기 위한 방안이 모색되어야 한다. 육아를 여성 혼자만의 책임이라고 보거나, 개인 가정 내에서 해결되어야할 문제라고만 생각한다면 여성의 사회적 역할은 확대되기 어렵다. 가족 내에서 배우자 및 가족구성원들의 육아를 위한 역할분담과 영유아의 양육을 도와줄 사회적 시설 및 기관의 확대, 사회적 육아의 질 제고를 위한 행·재정적 지원이 필요하다. 또한 여성으로 사회화되어 여성적 특성을 지닌 여교사 개개인은 여성으로서의 특성과 역할에 안주하지 말고 교사로서의 사명감을 가지고 직업에 헌신해야 하며, 자신의 지도력, 행정능력을 갖출 수 있도록 노력해야 한다.

여성이 승진하지 못하는 이유가 사회구조 내에 존재하는 차별 때문이라면 교직사회에서 여성의 행정직 진출을 증대시키기 위한 긴급한 조치로서 제시할 수 있는 것은 일정 비율 목표제, 혹은 할당제 방안이다. 할당제는 여성이 배제 혹은 제한되어온 남성 영역에 여성의 진입을 증가시키는 정책적인 방안으로 상위직 여성 비율을 단기간에 높일 수 있는 중요한 전략이다. 하지만 할당제를 적용하면 남성의 승진을 결정하는 기준과 여성의 승진을 결정하는 기준이 달라지므로 능력주의의 입장에서 본다면 능력이 부족한 여성이 할당제에 의해 승진을 하는 반면, 능력이 더 뛰어난 남성이 승진에서 배제될 수 있으므로 역차별이라는 주장이 가능하다. 따라서 동일한 자격을 갖춘 남녀 후보자가 있는 경우 대표성이 부족했던 성에게 우선권을 주는 보완적 조치나 사회적 여건이 성숙할 때까지만 잠정적으로 실시하는 등의 방안을 생각해 볼 수 있다.

우리나라에서는 남녀가 동일한 승진제도에 의해 승진이 이루어진다. 하지만 실제 운영 면에서는 승진의 기회에 영향을 미칠 수 있는 위치에 있는 사람들은 대부분 남성이다. 승진에 대한 정보를 제공하고, 승진에 유리한 역할이나 위치로 이끌어주며, 후원해주는 후원자의 역할은 어느 조직에서나 승진에 중요한 영향을 미친다. 따라서 교직 내 여성의 승진을 촉진하기 위해서는 상위직에 있는 남성들이 승진 가능성이 있는 여교원을 적극 발굴하고, 경력개발에 힘쓰도록 격려하여 승진할 수 있도록 이끌어주는 양성평등적인 태도를 가지는 것이 반드시 필요할 것이다. 뿐만 아니라 여성을 승진으로 이끌어줄 수 있는 상위직에 있는 여성 후원자의 역할이 매우 중요하다. 현재 교직에서 상위직에 있는 여성이 비록 소수이지만 이들이 여교사들에게 바람직한 모델이 되어주면서, 동시에 앞으로 승진하고자 하는 여교사들의 적극적인 후원자가 되어준다면 여교사들의 승진에 대한 포부도 높아질 것이며 여교사의 승진가능성도 더 증가할 것이다.

승진제도 운영에서 여성에게 불리하게 작용하는 또 하나의 측면은 남교사가 하는 일에 비해 여교사가 하는 일은 저평가된다는 점이다. 우리나라의 교육 행정직으로의 승진제도는 경력평정, 근무평정, 연수성적, 가산점 등의 점수를 기초로 한다. 교육행정가가 되고자 하는 교사의 경우 승진에 필요한 점수의 축적과 관리에 신경을 쓰기 때문에 학생 교육의 본연의 모습에서 멀어져 아동 교육을 소홀히 한다는 비판(진상우, 2002)이 있다. 현실적으로 학교의 행정가들은 학교 운영 전체에 영향을 미치는 일이나 지역사회 및 학부모 관계 등에 민감하다(김내학, 2005). 또한 교실 안에서 이루어지는 학생 개개인에 대한 지도 보다는 제도적, 행정적 관리 면에서의 교사의 능력을 더 잘 파악할 수 있는 위치에 있다. 일반적으로 여교사들이 행정가의 눈에 잘 뜨이지 않는 학생지도나 학급 내 관리를 잘하는 반면, 남교사들은 학교의 관리 업무나 대외 업무 등을 담당하기 때문에 남교사들의 역할이 행정가들에게 훨씬 더 가시적이다. 교사의 근무실적 평가가 학교 행정가들에 의해 이루어지기 때문에 여교사들이 잘 하는 세세한 학생지도의 역할은 저평가되고 남교사들의 역할은 높이 평가되어 여교사들의 승진에 불리하게 작용한다. 결국 남교사의 일은 보직을 맡고, 능력을 인정받고, 높은 평가를 받는 등 승진의 기회와 관련되기 때문에 남교사들이 기꺼이 맡게 되는 동기를 부여하지만, 여교사의 일이나 여교사의 선택은 승진과 관련되지 않는다(강세영, 1998).

그러나 교육의 본질적인 특성을 고려해 볼 때 교사가 하는 일 가운데 아동의 교육과 관련되는 활동은 행정 관리 활동보다 결코 덜 중요하다고 할 수 없을 것이다. 비록 가시화 되고 수량화되기 어려운 특징을 지니기는 했으나 아동의 교육과 관련되는 활동의 가치가 승진기준에 더 많이 반영되어야 할 것이다. 여교사들은 규율과 통제보다는 관계와 친밀감을 중시하는 배려의 윤리(ethic of care)를 기반으로 하는 교수방법을 지니고 있으므로(Griffin, 1997) 여성의 장점과 특성이 재평가된다면 여성의 승진은 더 촉진될 수 있을 것이다.

사회구조는 개인의 일상적 삶과 인식 속에 반영되기 때문에 개인적 측면과 구조적 측면은 현실 속에서 서로 구분되지 않는 경우가 많다. Estler(1975)는 여러 자료의 분석을 통하여 미국의 경우 교직에서 여성이 행정직에 진출하지 못하는 것은 능력이나 자격이 부족해서는 아니라고 보았으나, 여성의 포부수준은 남성에 비해 낮으며, 여성의 포부수준이 낮은 것이 차별에 의한 기회 부족 때문인지, 사회적 성역할 기대에 부응하는 여성의 선택인지는 분명치 않다고 지적한다.

사실 교직 내에서 여교사들이 겪는 일상적 경험 속에서 구조적 요인과 개인적 요인은 서로 얽혀있다. 승진 가능성이 적을 때는 승진에 대한 포부수준이 낮아 질 수밖에 없으며, 낮은 포부수순은 승진을 어렵게 만들기 때문이다. 그러므로 교직사회 내의 여성의 승진을 촉진하기 위해서는 개인적 노력과 구조적 접근이 복합적으로 강구되어야 한다.

요약

✔ 교직은 여성 역할에 적합하다는 사회적 인식, 가사일, 육아에 적합한 근무조건, 여성에게 불평등한 노동시장의 여건 때문에 여성들에게 매력적인 직업으로 선호되고 있으며 이에 따라 교직 내 여성 비율이 지속적으로 높아지고 있다.

✔ 여교사의 증가는 아동의 성역할 발달, 학생지도, 학교운영 면에서 어려움을 야기 할 것으로 우려되었으나 이는 성역할에 대한 고정관념과 성에 대한 편견에서 비롯된 것이다. 아동의 양성평등 교육 및 학교 운영의 효율성을 기하기 위해서는 양성성에 대한 이해, 양성평등한 관점에서 남녀교사의 장단점 인식, 교사 업무의 전문성 제고 등이 필요하다.

✔ 교직에서 여성은 다수를 차지하고 있으나 상위직에는 여성 비율이 낮다. 여성은 개인적인 면에서는 성역할 사회화, 직업과 가사를 동시에 수행하는 이중역할 때문에 지도자로서의 특성과 능력을 개발하기 어려운 여건에 있다. 또한 구조적으로는 여성의 승진에 불리하게 작용하는 차별적 요소가 존재한다. 따라서 여성의 포부수준을 높이고, 육아문제를 사회적으로 해결하며, 승진의 과정에서 양성평등한 기회를 제공하고, 여성 승진 비율을 확대하거나 여성의 장점과 특징을 반영할 수 있는 제도 개선을 통하여 여성의 승진을 촉진하기 위한 노력이 필요하다.

토의 과제

✔ 교직에 여성의 비율이 증가하고 있는 이유를 생각해 보고, 성균형을 이루기 위한 방안을 토의해 보자.

✔ 아동 교육 면에서 남녀교사는 어떠한 차이가 있는지, 있다면 왜 그러한 차이가 생기는지 토의해 보자.

✔ 학교 안에서의 업무 분장이나 담임 배정을 결정할 때 교사의 성별이 어떤 영향을 미치는지 토의해 보자.

✔ 여교사가 교직에서 다수를 차지하고 있음에도 불구하고 상위직에는 여성 비율이 낮은 이유를 토의해 보자.

✔ 여교사의 지도성을 향상시키기 위한 방안을 토의해 보자.

교과교육과 양성 평등 :
수학, 과학 교과를 중심으로

많은 사람들의 의식 속에는 수학이나 과학 교과에서 남학생과 여학생은 차이가 있다는 생각이 들어 있는 것으로 생각된다. 예컨대 '수학은 남학생이 잘 한다' 또는 '여학생은 계산에 강하고 남학생은 공간지각에 강하다'는 것이다. 이러한 생각은 자라면서 어른들로부터 들어서 형성된 것일 수도 있고, 직접 학습하면서 느낀 것일 수도 있다. 이러한 말은 사실일까 아닐까? 이제 몇 가지 사실을 알아보자.

한 가지 예로 수학과 과학 분야에서 4년 주기로 이루어지는 국제 비교 평가인 TIMSS가 있다.[4] 여기서 국가 간 성적 비교와 더불어

---

4) TIMSS는 처음에는 고유 명사로서 'The Third International Mathematics and Science Study'의 약자였지만, 지금은 4년 주기로 시행되는 동일한 평가를 지칭하는 보통 명사로 이용되고 있다. 초창기에는 FIMS(The First International Mathematics Study)와 FISS(The First International Science Study), SIMS(The First International Mathematics Study)와 SISS(The First International Science Study)로 시기별로 이름을 붙이고, 수학과 과학을 분리

늘 남·여 학생간 성차의 문제를 중요한 결과의 하나로 제시하고 있다. 예를 들어 1999년에 이루어진 TIMSS-R[5] 평가에서 우리나라의 남학생의 평균 점수는 590점, 여학생의 평균 점수는 585점으로 남학생의 점수가 5점이 높았고, 참가한 국가의 평균 차이는 남학생이 4점 높은 것이었다(서동엽, 2000). 그러나 우리나라 학생들의 이러한 차이는 1995년 TIMSS의 17점에 비하여 상당히 줄어든 것이다.

과학 교과의 경우 남학생과 여학생의 평균 차이는 국제적으로는 1995년 21점에서 1999년 19점으로 2점 감소했지만, 우리나라 학생들은 1995년 29점에서 1999년 21점으로 8점이 줄어들었다(홍미영, 2000).

이와 같은 사실에서 우리는 몇 가지를 문제를 생각해 볼 수 있다. 수학이나 과학 교과에서 남학생과 여학생의 성취 차이가 1995년에 매우 컸던 이유는 무엇인가? 그 차이가 1999년에 줄어든 이유는 무엇인가? 줄어들기는 했지만 수학이나 과학에서 국내든 국제적으로든 남학생과 여학생의 성취에서 차이가 나는 이유는 무엇인가? 등이 그러한 문제이다.

수학과 과학 교과에서 남학생과 여학생의 차이는 오늘날 그리 큰 관심을 끄는 문제는 아니지만 지속적으로 연구되는 문제 중 하나이

하였지만, 3차 평가부터 수학과 과학을 동시에 실시하였고, 이후로 TIMSS라는 이름으로 고착되었다.
5) TIMSS-R은 TIMSS-Repeat의 약어로서 1999년에 시행되었다.

다. 남학생이 여학생보다 수학이나 과학을 잘 한다면 그 이유는 무엇인가? 유전적인 요인 때문인가, 환경적인 요인 때문인가, 평가 문항의 특성으로 인한 요인인가, 아니면 이 모든 것들이 복합적으로 작용한 결과인가?

이 장에서는 이와 관련된 문제를 다루고자 한다. 먼저 살펴볼 것은 수학과 과학 분야의 두 가지 국제 비교 평가인 TIMSS와 OECD / PISA에서 나타나는 남녀 학생의 차이와 관련된 결과이다.

1. 국제 비교 평가를 통하여 나타나는 수학·과학 교과에서 양성 평등의 문제

수학·과학 교과에서 양성 평등의 문제와 관련하여 남학생과 여학생의 성취도의 차이를 잘 살펴볼 수 있는 자료는 국제비교 평가 보고서이다. 이 장에서는 1999년에 시행된 TIMSS-R, 2003년에 시행된 TIMSS 2003, 2006년에 시행된 OECD/PISA 평가, 2007년에 시행된 TIMSS 2007의 결과에서 드러나는 남·여 학생의 성취에서 드러나는 특징을 살펴보기로 한다.

가. TIMSS-R에서 남·여 학생의 성취 비교[6]

1999년에 시행된 TIMSS-R에는 모두 38개국에서 참여하였다.

---

6) 이 절의 내용은 주로 김성숙 외 4인(1999)의 내용에서 발췌한 것이다.

우리나라는 수학 평가에서 싱가포르에 이어 2위였고, 과학 평가에서는 대만, 싱가포르, 헝가리, 일본에 이어 5위였다.

(1) TIMSS-R 수학 문항에서 남·여 학생의 성취 비교

TIMSS-R에서 시행한 수학 시험 문항은 모두 155문항이었다. 내용 영역별 문항 수는 다음의 〈표 Ⅳ-1〉과 같다.

〈표 Ⅳ-1〉 TIMSS-R에서 수학 내용 영역별 문항 수

내용 영역	분수와 수 감각	대수	측정	비례	기하	자료의 표현 및 해석·확률	계
문항 수	52	28	20	11	23	21	155

학생의 반응 양식을 기준으로 본 문항 유형에 따라서는 선다형 126문항, 자유 반응형 29문항이었다. TIMSS-R에 참가한 우리나라 중학교 2학년 학생들은 모두 6,130명이었으며, 이 중 남학생은 3082명, 여학생은 3,048명이었다.[7]

학생들의 성별에 따른 평균 정답률은 다음의 〈표 Ⅳ-2〉와 같다.[8]

---

7) 대상이 중학교 2학년 학생들이기는 하지만 문항의 74.2%는 6차 교육과정 기준으로 초등학교 수준의 수학 문항이었다.

8) TIMSS에 대한 국제 보고서에서는 대개 평균 500점, 표준편차가 100점인 변환 점수를 활용하고 있다. 이 절에서는 김성숙 외 4인(1999)의 보고서에 따라 100% 만점으로 계산한 평균 정답률을 제시하였다.

<표 Ⅳ-2> TIMSS-R 수학 문항에 대한 성별 평균 정답률

성별	남학생	여학생	차이
평균 정답률	76.80	75.44	1.36*
표준편차	18.42	19.01	

남학생의 평균 정답률은 여학생보다 1.36% 높았으며, 이는 유의도 5% 수준에서 통계적으로 유의미한 차이가 있는 것이다. 그러나 이러한 차이는 1995년에 시행되었던 TIMSS보다는 절반 수준으로 줄어든 것이다.

문항 유형별로 살펴 본 성별 평균 정답률은 다음의 〈표 Ⅳ-3〉과 같다.

<표 Ⅳ-3> TIMSS-R 수학 문항 유형별 성별 평균 정답률

문항유형	선다형			자유반응형		
	남학생	여학생	차이	남학생	여학생	차이
평균 정답률	79.48	77.92	1.56	69.97	70.14	0.17

위의 〈표 Ⅳ-3〉으로부터 자유반응형 문항에서는 남학생과 여학생의 차이가 거의 없지만, 주로 선다형에서 차이가 있었음을 알 수 있다.

한편 내용 영역별로 보았을 때 남학생이 점수가 높은 영역과 차이는 각각 분수와 수 감각 영역 2.07점, 측정 영역 1.70점, 비례 영역 2.27점, 기하 영역 1.45점, 자료의 표현 및 해석·확률 영역 2.07점이었으며, 여학생의 점수가 높은 영역과 차이는 대수 영역 하나로서 0.16점이었다.

(2) TIMSS-R 과학 문항에서 남·여 학생의 성취 비교

TIMSS-R에서 시행한 과학 시험 문항은 모두 143문항이었다. 내용 영역별 문항 수는 다음의 〈표 Ⅳ-4〉와 같다.

〈표 Ⅳ-4〉 TIMSS-R에서 과학 내용 영역별 문항 수

내용 영역	지구과학	생물	물리	화학	환경	과학의 본성	계
문항 수	23	39	39	19	11	21	143

학생의 반응 양식을 기준으로 본 문항 유형에 따라서는 선다형 104문항, 자유반응형 39문항이었다. TIMSS-R 과학 시험에 참가한 학생 수는 수학과 동일하다.

학생들의 성별에 따른 평균 정답률은 다음의 〈표 Ⅳ-5〉와 같다.

〈표 Ⅳ-5〉 TIMSS-R 과학 문항에 대한 성별 평균 정답률

성별	남학생	여학생	차이
평균 정답률	67.33	63.63	3.70**
표준편차	15.83	15.82	

남학생의 평균 정답률은 여학생보다 3.7점 높았으며, 이는 유의도 1% 수준에서 통계적으로 유의미한 차이이다. 또한 이 차이는 1995년에 시행되었던 TIMSS의 3점보다 다소 높아진 것이다.

문항 유형별로 살펴 본 성별 평균 정답률은 다음의 〈표 Ⅳ-6〉과 같다.

〈표 IV-6〉 TIMSS-R 과학 문항 유형별 성별 평균 정답률

문항유형	선다형			자유반응형		
	남학생	여학생	차이	남학생	여학생	차이
평균 정답률	70.14	66.17	3.97	56.34	53.06	3.28

위의 〈표 Ⅳ-6〉으로부터 문항 유형에 관계없이 남학생이 여학생보다 평균이 높음을 알 수 있으며, 이는 수학과는 다소 다른 양상을 보여 준다.

내용 영역별로 보았을 때 모든 영역에서 남학생이 점수가 높았다. 영역별 평균 및 여학생과의 차이는 각각 지구과학 영역 3.56점, 생물 영역 3.69점, 물리 영역 4.23점, 화학 영역 3.78점, 환경 영역 4.25점, 과학의 본성 영역 0.47점으로, 과학의 본성 영역을 제외하고는 3점 이상의 차이를 보였다.

나. TIMSS 2003에서 남·여 학생의 성취 비교[9]

2003년에 시행된 TIMSS 2003에는 모두 46개국에서 참여하였

다. 우리나라는 수학 평가에서 싱가포르에 이어 2위였고, 과학 평가에서는 싱가포르와 대만에 이어 3위였다.

(1) TIMSS 2003 수학 문항에서 남·여 학생의 성취 비교

TIMSS 2003의 수학 문항 수나 내용 영역은 TIMSS-R과 비교하여 다소 차이가 있다. 전체 문항 수는 79문항이며, 내용 영역별 문항 수는 다음의 〈표 Ⅳ-7〉과 같다.

<표 Ⅳ-7> TIMSS 2003에서 수학 내용 영역별 문항 수

내용 영역	수	대수	측정	기하	자료	계
문항 수	25	16	16	12	10	79

TIMSS 2003에서 우리나라의 남학생의 평균 점수는 592점으로 여학생의 586점에 비하여 5점이 높았다.[10) 국제 평균은 남학생 466점, 여학생 467점으로 통계적으로 유의미한 차이는 아니지만 여학생이 1점 높았다. 우리나라와 싱가포르, 일본, 대만, 홍콩의 상위 5개국 중에서 우리나라와 일본은 남학생의 평균이 조금 높았고

---

9) 이 절의 내용은 주로 박정 외 3인(2004a)의 내용에서 발췌한 것이다. 이 자료는 김성숙 외 4인(1999)와 비교해 볼 때 점수를 국제 기준에 따른 변환 점수로 제시하고 있다는 점과 성차에 대한 국제 비교 자료를 제시하고 있다는 점이 다르다.

10) 1점 차이가 나는 것은 소수점 아래 숫자에서 반올림이 있었기 때문이다.

그 외의 국가는 여학생의 평균이 높았다. 특히 TIMSS의 수학 분야에서 항상 1위를 유지하고 있는 싱가포르의 경우 여학생의 성적이 10점이 높아서 통계적으로 유의미한 차이를 나타내었다.

내용 영역별로 보았을 때 남학생의 평균이 모든 영역에서 높게 나타나고 있다. 각 영역별로 남학생과 여학생의 평균 차이는 수 영역 7점, 대수 영역 2점, 측정 영역 4점, 기하 영역 8점, 자료 영역 10점이다. 이 중 통계적으로 유의미한 차이가 있는 영역은 수, 기하, 자료의 3개 영역이다. 이러한 추이는 국제 평균과는 많이 다르다. 국제 평균 점수를 보면 수 영역과 자료 영역에서는 남·여학생이 동일하였고, 대수 영역에서는 여학생이 9점, 측정 영역에서는 남학생이 6점, 기하 영역에서는 남학생이 1점 높게 나타나고 있다.

(2) TIMSS 2003 과학 문항에서 남·여 학생의 성취 비교

TIMSS 2003의 과학 문항 수나 내용 영역 역시 TIMSS-R과 비교하여 다소 차이가 있다. 전체 문항 수는 74문항이며, 내용 영역별 문항 수는 다음의 〈표 Ⅳ-8〉과 같다.

〈표 IV-8〉 TIMSS 2003에서 과학 내용 영역별 문항 수

내용 영역	생물	화학	물리	지구과학	환경	계
문항 수	17	14	22	12	9	74

TIMSS 2003에서 우리나라의 남학생의 평균 점수는 564점으로 여학생의 552점에 비하여 12점이 높았다. 그러나 이러한 차이는 1995년 TIMSS의 28점, 1999년 TIMSS-R의 21점에 비하여 크게 줄어든 것이다. 국제 평균은 남학생 477점, 여학생 471점으로 남학생이 6점 높았고, 이는 통계적으로 유의미한 차이이다. 우리나라와 싱가포르, 일본, 대만, 홍콩의 상위 5개국 모두 남학생의 점수가 높은 것은 공통된 현상이다. 그러나 점수의 차이를 보면 싱가포르 3점, 대만 1점, 홍콩 9점, 일본 9점으로 우리나라보다는 낮은 수준이라는 점이 다르다.

내용 영역별로 보았을 때 남학생의 평균이 모든 영역에서 높게 나타나고 있다. 각 영역별로 남학생과 여학생의 평균 차이는 생물 영역 7점, 화학 영역 4점, 물리 영역 7점, 지구과학 영역 25점, 환경 영역 10점이다. 이 중 화학 영역을 제외한 나머지 4개 영역의 차이는 통계적으로 유의미한 차이가 있다. 이러한 추이는 국제 평균과는 다소 차이가 있다. 국제 평균 점수를 보면 화학 영역에서는 남·여학생이 동일하였고, 생물 영역에서는 여학생이 3점, 화학 영역에서는 남학생이 4점 높게 나타나고 있고, 물리 영역에서는 남학생이 12점, 지구과학 영역에서는 남학생이 16점 높게 나타나고 있다. 결과적으로 생물 영역에서 남·여 학생의 경향이 국제 평균과 다르게 나타나고 있으며, 물리 영역은 오히려 우리나라 학생들의 차이가 적음을 알 수 있다. 또한 지구과학 영역은 국제 평균이나 우리나라 모두 가장 차이가 크게 나타나고 있다.

다. TIMSS 2007에서 남·여 학생의 성취 비교[11]

2007년에 시행된 TIMSS 2007에는 모두 50개국에서 참여하였다. 우리나라는 수학 평가에서 대만에 이어 2위였고, 과학 평가에서는 싱가포르, 대만, 일본에 이어 4위였다. 수학에서 특기할만한 점은 싱가포르보다는 처음으로 더 우수한 성적을 거두었지만, 대만이 우리나라보다 더 우수한 성적을 거둠으로써 우리나라는 계속 2위를 유지하였다는 점이다.

(1) TIMSS 2007 수학 문항에서 남·여 학생의 성취 비교

TIMSS 2007 결과보고서(김경희 외 3인, 2009)에서는 TIMSS 2007 결과와 더불어 그 동안의 추이를 중요하게 다루고 있다. 수학 평가에서 남학생의 평균은 599점이었으며, 이는 1995년보다는 11점, 1999년보다는 9점, 2003년보다는 7점이 높아진 것이다. 또한 1995년과 1999년에 비해서는 통계적으로 유의미하게 높아진 것이다. 여학생의 평균은 595점이었으며, 이는 1995년보다는 24점, 1999년보다는 11점, 2003년보다는 9점 높아진 것이다. 또한 1995년과 1999년, 2003년의 3회의 평가에 비하여 2007년의 여학생의 평균은 통계적으로 유의미하게 더 높은 것이다. 한편 남학생과 여학생의 차이는 1995년 17점, 1999년 6점, 2003년 6점, 2007년 4

---

11) 이 절의 내용은 주로 김경희 외 3인(2009)의 내용에서 발췌한 것이다.

점으로 점점 줄어들고 있음을 알 수 있다.[12]

(2) TIMSS 2007 과학 문항에서 남·여 학생의 성취 비교

TIMSS 2007 과학 평가에서 남학생의 평균은 557점이었으며, 이는 1995년보다는 2점, 1999년보다는 2점, 2003년보다는 7점 낮아진 것이다. 여학생의 평균은 549점이었으며, 이는 1995년보다는 19점, 1999년보다는 11점 높아진 것이며, 통계적으로 유의미하다. 또한 2003년보다는 3점 낮아진 것이다. 한편 남학생과 여학생의 차이는 1995년 29점, 1999년 21점, 2003년 14점, 2007년 8점으로 점점 줄어들고 있음을 알 수 있다.

라. PISA 2006에서 남·여 학생의 성취 비교[13]

PISA는 2000년부터 시작된 OECD 국가간의 비교평가로서, TIMSS에서 학교 교육과정에 근거한 평가를 하는 것에 비하여, 실생활에 필요한 능력, 즉 지식을 상황과 목적에 맞게 활용할 수 있는 기본적인 '소양'을 강조한다. TIMSS가 4년 주기로 시행되는 반면, PISA는 3년 주기이며, 김경희 외 3인(2009)의 보고서에서는 PISA 2003과 PISA 2006을 비교하여 분석하고 있다.

---

12) TIMSS 2007 보고서에서는 내용 영역별 남·여 학생의 성취도 비교 자료는 제시하고 있지 않다.

13) 이 절의 내용 중 (1)절은 주로 김경희 외 3인(2009)의 내용에서, (2)절과 (3)절은 주로 이미숙·손원숙(2007)에서 발췌한 것이다.

(1) PISA의 개관

PISA 2003과 PISA 2006을 통하여 대략적인 구조를 비교해 보면 다음의 〈표 Ⅳ-9〉와 같다.

〈표 Ⅳ-9〉 PISA의 개관 : 2003과 2006을 중심으로

		PISA 2003	PISA 2006
검사지 종류		13종	13종
문항수	읽기	28문항	28문항
	수학	85문항	48문항
	과학	35문항	108문항
	문제해결	19문항	·
학교 설문지		26문항	27문항
학생 설문지		55문항	42문항
학부모 설문지		·	15문항
주 영역		수학	과학

위의 〈표 Ⅳ-9〉에서 알 수 있는 바와 같이 PISA에서는 읽기·수학·과학 중 주 영역을 1개씩 설정하는데, PISA 2003은 수학, PISA 2006에서는 과학이 주 영역이고, PISA 2009에서는 읽기가 주 영역이다. 과목별 문항 수에서 큰 차이가 나는 것은 이로 인한 차이이다.

수학의 내용 영역은 공간과 모양, 변화와 관계, 양, 불확실성의

4개 내용 영역으로 나누어지며, 수학적 과정의 측면에서는 재생, 연결, 반성의 3개 영역으로 나누어진다.[14] 과학의 내용 영역은 물상계, 생물계, 지구우주계, 기술계의 4개 내용 영역으로 나누어지며, 과학적 과정의 측면에서는 과학적 문제 인식, 과학적 증거 이용, 현상에 대한 과학적 설명의 3개 영역으로 나누어진다.

PISA 2003에는 OECD 회원국 30개국과 비 회원국 11개국 등 41개국이 참여하였고, PISA 2006에는 OECD 회원국 30개국과 비 회원국 27개국 등 57개국, 2009에는 회원국 30개국과 비 회원국 37개국 등 67개국이 참여하여 참가국의 수는 점점 증가하는 추세를 보이고 있다.

(2) PISA 2006 수학 문항에서 남·여 학생의 성취 비교

PISA 2006에서 수학의 전체 평균 점수는 547점으로 대만의 549점, 핀란드의 548점에 이어서 세 번째로 높았고, 이는 PISA 2003보다 5점 상승한 것이다. OECD 국가의 평균은 498점이었고, 참가국 전체의 평균은 484점이었다.

성별로 비교했을 때 남학생의 평균은 552점, 여학생의 평균은 543점으로 남학생의 평균이 9점 높았다. OECD 국가 전체의 평균은 남학생이 11점 높았고, 참가국 전체의 평균은 남학생이 12점 높

---

14) 국내 대부분의 평가에서 내용영역과 행동영역의 이원분류를 설정한다. '수학적 과정'은 이 중 행동 영역과 관련이 있는 것으로 생각할 수 있다.

았으므로, 우리나라 남·여 학생의 차이는 국제 평균보다 적은 편이라고 할 수 있으며, 통계적으로 유의미한 차이는 아니었다. 특히 상위권 국가를 보더라도 대만이 13점, 핀란드가 12점, 홍콩은 16점으로 나타나 우리나라의 차이가 더 적다는 것을 알 수 있다.

내용 영역별로 평균 정답률을 비교해보면 변화와 관계, 양, 공간과 모양, 불확실성의 4개 내용 영역에서 남학생은 여학생보다 각각 1.4%, 0.7%, 0.3%, 3.2%가 높았고, 이는 국제 평균보다는 작은 차이이다. 네 가지 내용 영역별 차이의 국제 평균은 각각 2.3%, 1.4%, 2.4%, 3.8%이다. 네 가지 내용 영역 중에서 우리나라 남·여 학생의 평균 정답률의 차이는 공간과 모양 영역의 차이가 가장 적고, 불확실성 영역의 차이가 가장 크다.

수학적 과정별로 평균 정답률을 비교해보면 연결, 반성 영역에서는 남학생이 여학생보다 각각 1.9%, 2.3% 더 높았지만, 재생 영역에서는 여학생이 1.0% 더 높았다. 세 개의 수학적 과정별로 국제 평균은 남학생이 여학생보다 각각 1.2%, 2.6%, 3.2% 높아서, 남학생이 반성 영역, 연결 영역 순서로 더 잘하였으며, 재생 영역의 경우 우리나라는 여학생의 평균 정답률이 더 높다.

문항 유형별로 평균 정답률을 비교해보면 선택형, 복합 선택형, 단답형, 폐쇄형 서술형, 개방형 서술형의 5개 유형에서 남학생은 여학생보다 각각 1.3%, 4.9%, 0.3%, -0.7%, 0.8% 높았다. 즉 남학생은 여학생보다 복합 선택형에서 상대적으로 가장 잘 하였으며, 폐쇄형 서술형에서는 근소한 차이이지만 여학생이 남학생보다 더 잘 한 것으로 볼 수 있다. 이러한 경향은 국제 평균 역시 복합 선택형에서 남학생이 가장 강하고, 폐쇄형 서술형에서 남·여 학생의 차이가 없다는 점에서 대체로 일치하는 것으로 생각할 수 있다.

한편 PISA 2003과 비교할 때 남학생의 평균 점수는 똑같았으며, 여학생의 평균 점수가 14점 상승하여 전체적인 점수와 여학생의 점수가 상승하였다. 참고로 PISA 2003에서 1위였던 핀란드는 남학생 6점, 여학생 2점, 전체 4점이 상승하였고, 일본은 남학생 6점, 여학생 17점이 하락하였고, 홍콩은 남학생은 3점이 상승하였으나, 여학생은 9점이 하락하였다. 국제 평균은 남학생과 여학생 모두 2점이 하락하였다. 따라서 우리나라 여학생들의 점수가 상대적으로 많이 상승한 것임을 알 수 있다.

(3) PISA 2006 과학 문항에서 남·여 학생의 성취 비교

PISA 2006에서 과학의 전체 평균 점수는 522점으로 핀란드의 563점, 홍콩의 543점, 캐나다의 534점, 대만의 532점, 에스토니아 및 일본의 531점, 뉴질랜드의 530점, 호주의 527점, 네덜란드의 525점에 이어서 열 번째로 높았고, 이는 PISA 2003보다 16점 하락한 것이다. OECD 국가의 평균은 500점이었고, 참가국 전체의 평균은 491점이었다.

성별로 비교했을 때 남학생의 평균은 521점, 여학생의 평균은 523점으로 여학생의 평균이 2점 높았다. OECD 국가 전체의 평균은 남학생이 2점 높았고, 참가국 전체의 평균 역시 남학생이 2점 높았으므로, 우리나라 남·여 학생의 차이는 국제 평균과는 다소 다른 양상을 보이고 있다고 할 수 있으나, 통계적으로 유의미한 차이는 아니었다.

내용 영역별로 평균 정답률을 비교해 보면 물상계, 생물계, 지구우주계, 기술계의 4개 내용 영역에서 남학생은 여학생보다 각각 15%, 6%, 14%, -14%가 높았고, 국제 평균과 비슷한 경향을 보여 주고 있다. 네 가지 내용 영역별 차이의 국제 평균은 각각 26%, 4%, 17%, -10%이다. 네 가지 내용 영역 중에서 우리나라 학생들이나 국제 평균에서 남학생이 여학생보다 상대적으로 가장 강한 영역은 물상계이며, 기술계에서는 여학생이 남학생보다 높다.

과학적 과정별로 평균 정답률을 비교해보면 과학적 문제 인식, 과학적 증거 이용 영역에서는 여학생이 남학생보다 각각 22%, 8% 더 높았지만, 현상에 대한 과학적 설명 영역에서는 남학생이 11% 더 높았다. 세 개의 과학적 과정별로 국제 평균은 과학적 문제 인식, 과학적 증거 이용 영역에서는 여학생이 남학생보다 각각 17%, 3% 더 높고, 현상에 대한 과학적 설명 영역에서는 남학생이 15% 더 높다. 따라서 우리나라 학생들의 경향은 국제평균과 대체로 비슷하면서 여학생이 좀 더 잘 하고 있음을 알 수 있다.

문항 유형별로 평균 정답률을 비교해 보면 선택형, 복합 선택형, 폐쇄형 서술형, 개방형 서술형의 5개 유형에서 여학생은 남학생보다 각각 -1.0%, 1.0%, -3.9%, 0.7% 높았다. 남학생은 여학생보다 폐쇄적 서술형에서 상대적으로 가장 잘 하였으며, 다른 유형에서는 대체로 비슷한 것으로 볼 수 있다. 이러한 경향은 국제 평균이 -1.5%, 0.4%, -6.6%, -0.2%인 것과 대체로 유사하며, 국제 평균보다는 여학생이 좀 더 잘 한 것으로 볼 수 있다.

마. 국제 비교 평가 결과의 시사점

지금까지 TIMSS와 PISA를 통하여 수학과 과학 과목에서 남·여학생의 차이를 살펴보았다. TIMSS와 PISA, 또는 수학과 과학이라는 평가의 종류나 과목의 종류와 무관하게 드러나는 한 가지 중요한 특징이 있다. 그것은 최근으로 올수록 남학생과 여학생의 차이는 거의 없어지고 있다는 점이다. TIMSS 수학에서 남학생과 여학생의 차이는 1995년 17점, 1999년 6점, 2003년 6점, 2007년 4점으로 점점 줄어들었으며, 과학에서 차이 역시 1995년 29점, 1999년 21점, 2003년 14점, 2007년 8점으로 점점 줄어들고 있다. PISA 수학에서는 2006년에 여학생의 평균이 14점 상승하여 남학생의 평균과 여학생의 평균의 차이는 9점으로 줄어들었고, 이는 OECD 국가 전체의 평균인 11점보다 작은 것이다. 과학에서 남학생의 평균은 521점, 여학생의 평균은 523점으로 여학생의 평균이 오히려 2점 높았다.

전체적 점수와 경향은 이와 같이 대체로 일치하지만 상세한 경향에서는 다소 차이를 보이고 있다. 먼저 문항 유형별로 드러나는 차이가 있다. 수학에서는 남학생들이 선다형에 강하지만, 과학에서는 여학생들이 선다형에 강하다. 수학에서는 국제적으로 남·여 학생의 차이가 근소하지만 과학에서는 남·여 학생은 차이가 있다. 수학에서는 내용 영역별로 남·여 학생의 차이가 근소하지만 과학에서는 성별에 따른 차이가 두드러진다.

이러한 결과로부터 몇 가지 문제를 생각해 볼 수 있다. 남학생과 여학생은 수학이나 과학에서 원래 차이가 있는 것인가? 차이가 있다면 어떤 분야에서 차이가 있는 것인가? 차이가 있다면 그 원인은 무엇인가? 차이가 나는 것이 있을 때 교과교육에서는 그 차이를 인정해야 하는가? 이제 남·여 학생의 성차가 나타나는 문항의 특징을 분석해 보기로 하자.

2. 남·여 학생의 성차가 나타나는 수학 평가 문항의 특징

교사로서 수업에서 남·여 학생의 성차를 고려할 수 있는 방안은 다양한 기회의 균등으로 나타날 수 있을 것이다. 예를 들면 발표 기회를 균등하게 부여한다거나 여러 수업 활동에서 동일한 여건이나 기회를 부여하는 것이다. 교과서의 경우 교사로서 어느 정도의 재구성은 가능하지만 기본적으로 완성된 형태로 제시되므로 교재의 내용까지 성차를 고려하기는 쉽지 않고, 교재의 내용에서 성차를 고려할 수 있는 방안에 대한 연구 결과를 찾기도 쉽지 않다.

따라서 현실적으로 교사가 학교에서 남·여 학생의 성차를 고려할 수 있는 방안은 학습 평가에서 찾을 수 있을 것으로 생각된다. 지금까지 이 장에서 살펴본 남·여 학생의 성차는 주로 평가 상황을 통하여 나타나며, 평가 상황에서 영역별로 또는 문항 유형별로 왜 그러한 차이가 나타나는지를 설명하기는 어려운 일이다. 그러나 고정화 외 2인(2008)의 연구에서는 2004~2006 국가수준 학업성취도 평가 결과 및 국제 평가를 비교하여 남학생과 여학생이 강한 문항의 특징에 대한 분석을 시도하고 있다.

먼저 초등학교 남학생이 우위인 문항은 다음과 같은 문항이다.

영철이네 가족이 농구공을 던진 횟수와 골인한 횟수를 나타낸 표입니다. 공을 던진 횟수에 대한 골인한 횟수를 성공률이라고 할 때, 성공률이 가장 높은 사람은 누구입니까?

구 분	아버지	어머니	누나	영철	동생
던진 횟수	5	4	6	10	2
골인한 횟수	3	3	5	6	1

① 아버지   ② 어머니   ③ 누나

④ 영철   ⑤ 동생

위의 문항에 대한 초등학교 6학년 남학생의 정답률은 67.25%, 여학생은 58.23%였다. 위 문제에서 요구되는 수학적 능력은 비의 개념과 분수 개념 정도이다. 고정화 외 2인(2008)은 비의 개념이나 분수 개념에 대한 다른 문항에서는 남·여 학생의 차이가 별로 없는데 비하여, 위 문항에서만 9.02%의 차이가 난 것에 대하여 주목하고 있다. 그리고 이러한 차이에 대한 해석은 움직임과 같은 물리적, 역동적인 요소가 포함된 문항의 경우 남학생의 정답률이 높게 나타나는 경향이 있다는 것이다. 박경미·최승현(2002)은 2000년 PISA에 참여한 우리나라 학생들의 반응을 분석한 결과 '역동성을 지닌 변화 현상이라는 내용적 측면'이 남학생에게 유리함을 지적하고 있다. 다음은 2000 PISA에 출제되었던 '경주용 차의 속도'라는 주제의 문항이다.

다음 그래프는 경주용 차가 3km의 평탄한 트랙에서 두 바퀴째를 돌 때
의 속도 변화를 나타낸 것이다.

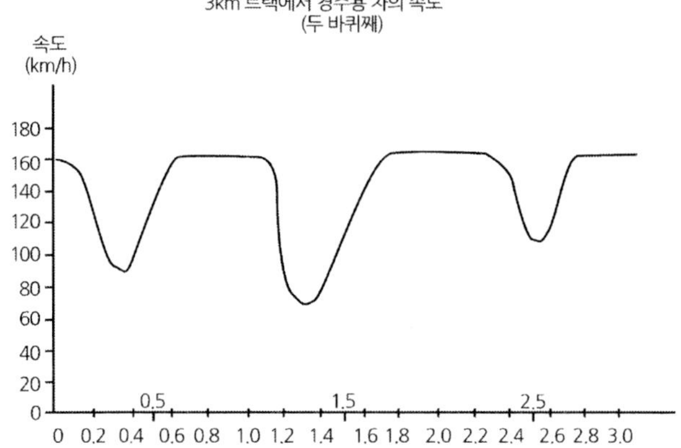

다음의 다섯 가지 트랙 중 앞에 제시한 속도 그래프를 만족시키는 트랙
은 어느 것인가?

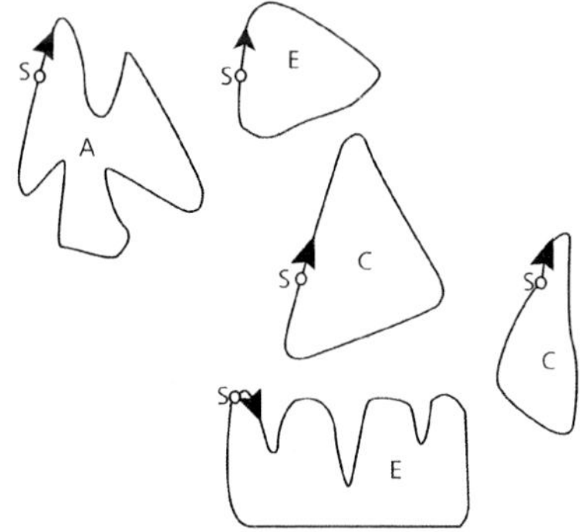

S : 출발점

앞의 문항에 대한 우리나라 남학생들의 정답률은 61.8%, 여학생은 40.8%였다. 따라서 자동차 경주나 운동과 같은 역동성을 지닌 소재는 남학생에게 유리한 특징이 있는 것으로 생각해 볼 수 있다. 또한 이러한 결과는 TIMSS나 PISA의 과학 문항에서 남학생이 물리 영역이나 지구과학 영역에서 강한 것과 관련성이 있다고 본다.

다음으로 고정화 외 2인(2008)은 측정 단위와 관련된 다음과 같은 문항을 제시하고 있다.

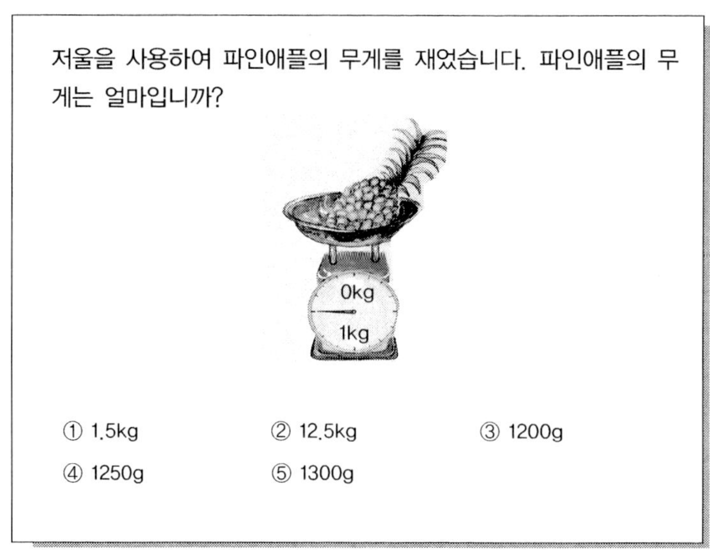

위의 문항에 대한 남학생의 정답률은 85.14%, 여학생은 77.45%로 7.69%의 차이를 나타내었다. 이에 대한 해석은 측정 영역은 크게 '속성과 단위'와 '도구·기법·공식'으로 나누어지는데, '도구·

기법·공식'에서는 남·여 학생의 차이가 크지 않은 반면, '속성과 단위'에서는 남학생이 다소 유리하다는 것이다.

종합적으로 박경미·최승현(2002)은 남·여 학생의 성차에 대하여 다음과 같이 논하고 있다.

TIMSS에서 정답률의 성별 차이가 크게 나타난 문항을 내용적으로 분석해 볼 때, 남학생이 우위를 보인 문항은 주로 공간적 추론, 넓이의 계산, 지도 읽기, 비례적 추론과 관련된 문항이다. 예를 들어 비례적 추론을 요구하는 다음의 문항에서 국내 남녀 정답률은 각각 65%, 47%이며, 국제 남녀 정답률은 각각 58%, 48%로, 국제 정답률의 경우 통계적으로 의미 있는 차이가 존재하였다.

> 철수는 매일 5km씩 뛴다. 철수가 도는 코스의 길이는 $\frac{1}{4}$ km이다. 하루에 이 코스를 몇 바퀴 도는지 쓰시오.

다음으로 여학생이 우위인 문항에 대하여 박경미·최승현(2002)은 '여학생의 성취도가 남학생에 비해 높게 나타난 문항은 자연수, 분수, 소수의 사칙연산을 요구하는 문항과 같이 대개 정형화된 알고리즘을 포함하는 문항이다'라는 것이다. 그 예로 다음의 소수 계산 문항에서 남학생과 여학생의 국제 정답률은 각각 72%와 80%, 국내 정답률은 각각 84%, 88%임을 지적한다.

2.201−0.753

한편 국가수준 학업성취도 평가에서 여학생이 우위를 보인 문항에 대하여 고정화 외 2인(2008)은 다음과 같이 말하고 있다.

여학생이 남학생보다 높은 성취를 나타낸 문항은 확률과 통계 영역의 그래프에 관한 것으로 04-9 문항과 06-21 문항이었다. 04-9 문항은 한 학생의 몸무게를 다섯 차례에 걸쳐 조사한 표를 주고, 몸무게의 변화를 한 눈에 알아보기에 가장 적합한 그래프를 찾는 것이었고, 06-21 문항은 식물의 키를 다섯 차례에 걸쳐 조사한 표를 주고 식물의 키의 변화를 나타내기에 가장 적합한 그래프를 찾는 것이었다. 두 문항 모두 주어진 자료의 특성을 나타내는 데 알맞은 그래프를 찾는 것으로 문항을 구성하는 소재의 차이가 있을 뿐 내용은 본질적으로 동일하였다. (중략) 04-9 문항과 06-21 문항은 확률과 통계 영역의 문항임에도 7% 이상의 차이로 여학생이 우위에 있었다.

결과적으로 남학생이 우위를 보이는 문항은 공간적 추론, 비례적 추론, 역동성을 지닌 소재, 측정 단위, 넓이 계산, 지도 읽기 등으로 볼 수 있으며, 여학생이 우위를 보이는 문항은 정형화된 알고리즘 적용 문항, 확률과 통계 영역의 그래프 등으로 볼 수 있다. 이제 이러한 성차와 관련된 선행 연구를 살펴보기로 하자.

3. 남학생과 여학생의 성차에 관한 연구 : 수학을 중심으로

최근 들어 남·여 학생의 성차에 관한 연구는 그리 많지 않다. 많은 교육 관련 연구가 그러하듯이 수학에서 방정식을 풀어서 정답을 내듯이 성차의 원인에 대한 정답을 찾기는 쉽지 않은 것이 그 이유인 듯하다. 다만 현재까지 여러 평가나 연구를 통하여 드러나는 결과는 거의 한 가지 지향점을 가지고 있는 듯하다. 그것은 그 동안 남·여 학생의 성차가 존재했다면 그 원인은 주로 사회문화적인 차이에 있었다는 것이다.

박정 외 3인(2004a)은 다음과 같이 말하고 있다.

현실에서 엄존해 왔던 성차에 관한 여러 가지 설명 중에서 인지 능력과 관련해서 공간지각에서의 성차를 드는 견해도 적지 않게 퍼져 있다(Oakes, 1990). 우리나라의 경우 이러한 통설이 어느 정도 들어맞는 결과를 나타냈다고 할 수 있지만 국제 평균에서나 상위 5개국의 결과를 보면 기하 영역에서 남학생과 여학생의 성차는 대체로 없을 뿐만 아니라 오히려 여학생의 성취도가 더욱 높은 경우도 있다는 것을 알 수 있다. 따라서 우리나라에서의 성별에 따른 성차의 존재는 다른 근거에서 논의가 이루어지고 그 대책이 마련되어야 할 것이다.

그 동안 수학에서 남·여 학생의 성차에 관하여 '남학생은 공간 지각에 강하고 여학생은 대수적 식의 풀이에 강하다'라는 식의 통념이 존재했던 것으로 생각된다. 그러나 여러 국제 비교 평가에서 보여 주고 있는 결과는 그러한 성차는 점점 없어지고 있다는 점이다. 성차의 존재에 대한 다른 근거와 관련하여 러시아의 수학교육학자인 Krutetskii(1976)는 당시까지 이루어진 여러 연구를 종합하여 다음과 같이 말하고 있다.

이 모든 연구 결과들을 일반화하면, 우리는 다음과 같이 말할 수 있다. 자료에 의하면, 남학생들은 논리적 추론 능력에서 탁월하고, 여학생들은 정확성, 엄격함, 일종의 사고의 "꼼꼼함"에서 탁월하다. 조사 연구자들 스스로 지적하였듯이 이 데이터가 얼마나 믿을 만한 것인가 또는 이 특성들은 얼마나 "타고난" 것인가 하는 의문이 남는다. 우리는 Dubrovina와 Shapiro의 연구들뿐 아니라 우리의 연구도 남학생들과 여학생들의 수학적 사고의 어떤 질적인 독특한 성질을 나타내지는 않았다고 확실히 말할 수 있다. 우리가 질문한 교사들은 이 차이들을 주목하지 않았다.

물론, 남학생들은 실제로 더 나은 수학적 능력을 보인다. 이것은 저학년에서는 거의 나타나지 않지만, 상급학년으로 갈수록 매우 뚜렷해진다. 남학생들은 여학생들보다 더 자주 수학 올림피아드 수상자가 된다. 더 많은 남학생들이 특별한 수학 학교와 학급에서 공부한다.
(중략)

그러나 이 실제적인 차이는, 전통과 소년과 소녀들의 양육의 차이와 남자 혹은 여자로서의 널리 퍼진 직업관 때문이라고 간주해야 한다고 우리는 믿는다. 그 결과 수학은 종종 여학생들의 흥미 범위 밖에 있다는 것이다. 하여튼, 우리는 우리를 다른 결론으로 이끄는데 유용한 데이터를 현재 가지고 있지 않다.

위의 Krutetskii의 언급은 수학에서 남·여 학생의 성차와 관련된 많은 연구가 있어 왔지만, 이러한 차이의 원인을 뚜렷이 설명할 근거는 없다는 점을 지적한다. 현실적으로 수학에서 남학생들이 두각을 나타내는 여러 상황이 있긴 하지만, 양육 환경의 차이나 직업의 차이에 있다는 점에 더욱 주목하자고 하는 것으로 생각된다.

이러한 Krutetskii의 지적은 앞서 살펴본 TIMSS와 PISA와 같은 국제 수학 평가에서 남·여 학생의 차이가 줄어든 원인을 어느 정도 설명할 수 있는 것으로 생각된다. 최근 몇 년간 사회적으로 양성 평등 의식 제고를 위한 많은 노력이 있었던 것으로 생각되며, 이러한 노력은 여학생들 또는 여학생을 자녀로 둔 부모들의 의식에 변화를 주었을 가능성이 많다. 예컨대 '여자는 살림만 잘하면 되지'라는 생각은 오늘날에는 더 이상 통용되지 않는 것 같다. 그러면서 점진적으로 여학생들도 남학생들과 동등한 학업 여건을 가지게 된 것으로 생각되며, 학부모들 역시 딸인 자녀의 교육에도 더 많은 관심을 두게 된 것으로 생각된다. 이로 인하여 최근 10여년간 수학이나 과학에서 남·여 학생의 차이는 급격하게 줄어든 것으로 해석할 수 있다.

그러나 아직 그 원인은 명확하지 않지만 다른 측면에서 남·여 학생의 성차가 존재하는 점 역시 엄연한 현실이다. 고정화 외 2인(2008)의 연구에서는 초·중·고 학생들의 국가수준 학업성취도 평가에서 나타난 결과에서 남·여 학생의 차이를 분석하고 있다. 이

연구에서는 그 동안 이루어진 남·여 학생의 성별 차이에 대한 연구 결과를 다음과 같이 요약하고 있다.

　　첫째, 초등학교 저학년까지 남녀의 차이가 거의 없고, 초등학교 고학년부터 중학교에 이르기까지는 통계적으로 무시할 수 있을 정도의 미약한 남학생 우위가 나타나며, 고등학교에서부터 차이가 점차 심화된다.
　　둘째, 여학생들은 전체적으로 계산과 같은 낮은 인지 단계의 사고를 요구하는 문제에서, 남학생은 추론이나 다단계 문제풀이와 같이 높은 인지단계의 사고를 요구하는 문제에서 우위를 보인다. 학교급이 올라감에 따라 성별 차이가 커지는 것은 학교급이 올라감에 따라 교육과정의 내용이 높은 인지단계를 요구하게 된다는 측면에서 이해할 수 있다.
　　셋째, 수학 성취도에 있어서의 성별 차이는 현대로 올수록 점점 감소하고 있다. 즉, 70년대 연구 결과보다 90년대 연구 결과에서 근소한 성별 차이가 보고되고 있다.
　　넷째, 공간화 능력을 필요로 하는 기하 분야에서는 특히 남학생의 성취도가 높았다.

　위의 요약은 앞에서 살펴본 여러 국제 평가의 결과와 부분적으로 일치한다. 그것은 TIMSS나 PISA와 같은 국제 평가에 우리나라는 1999년부터 중학생만 참여하게 하고 있으며, 여기서는 남·여 학생의 평균 점수에서 통계적으로 유의미한 차이는 없기 때문이다. 또한 최근으로 올수록 이러한 차이는 줄어들고 있다. 그러나 공간화 능력을 필요로 하는 기하 분야에서 국제 평가 결과는 큰 차이가 없음을 보여주고 있어서 위의 결과와는 다소 다른 면이 있다.

이 연구에서는 2004, 2005, 2006 국가수준 학업성취도 평가에서 나타난 남·여 학생의 평균을 비교하고 있다. 그 결과는 다음 〈표 Ⅳ-10〉과 같다.

<표 IV-10> 2004~2006 국가수준 학업성취도 수학 평가 결과

	초6		중3		고1	
	남학생	여학생	남학생	여학생	남학생	여학생
2004	161.95	162.03	261.45	261.26	359.71	359.00
2005	161.81	161.79	262.53	262.62	361.29	360.50
2006	162.33	162.75	261.77	261.33	360.51	359.69

위의 표 중에서 2006년의 초등학교 6학년 및 중학교 3학년, 모든 연도의 고등학교 1학년 학생들의 차이는 유의수준 0.001 수준에서 통계적으로 유의미한 차이이다. 전체 점수를 고려하였을 때, 이러한 차이는 그리 크지 않다고 볼 수도 있지만 통계적으로 유의미한 차이가 있다는 점은 위에서 언급한 학년이 올라갈수록 성차가 커지는 경향과 일치하는 것으로 볼 수 있을 것이다.

이러한 차이와 관련하여 아직 명확히 원인을 알기는 어려운 것으로 생각된다. 그러나 이러한 원인과 관련하여 이루어진 몇몇 연구를 살펴보면 다음과 같다.

먼저 박경미·최승현(2008)은 Creswell 등의 연구 결과를 다음과 같이 요약하여 제시하고 있다.

실제 성별 차이와 관련된 기존의 연구에서 일관되게 제기되는 주장은 여학생은 대수 영역에서, 남학생은 기하 영역에서 각각 우세를 나타낸다는 점이다. 대수와 기하 영역의 상이한 성취도를 설명하기 위하여 흔히 좌뇌·우뇌설이 동원되는데, 이에 따르면 여학생은 좌뇌가 관장하는 분석적 사고에 익숙하고, 남학생은 우뇌가 관장하는 공간적 능력과 종합적 사고에 능한 경향이 있다. 대수와 기하 문항을 해결하는 데에는 여러 가지 사고 기능이 종합적으로 요구되지만 대수적 사고의 특징은 분석적 사고로, 기하적 사고의 특징은 공간적, 종합적 사고로 특징지을 수 있으며, 이러한 점에 비추러 볼 때 대수와 기하 영역에서의 남녀의 차이는 좌뇌와 우뇌의 발달 정도라는 생물학적 차이로 설명될 수 있다.

위에서 주장하는 것은 결국 여학생은 좌뇌가 많이 발달하여 분석적 사고에 익숙하므로 대수적 문제 해결에 강하고, 남학생은 우뇌가 많이 발달하여 공간적 능력과 종합적 사고에 능하다는 것이다. 그러나 여학생이 남학생보다 좌뇌가 많이 빌딜하는 것은 생물학적 이유인가 아니면 사회학적 이유인가? 이에 대하여 말하기는 쉽지 않은 것으로 생각되며, 결론부에서 종합적으로 살펴보기로 한다.

위의 Creswell의 논의 외에 박경미·최승현(2002)은 Benlenky 등이 인지 양식에 대하여 연구한 결과에 대하여 다음과 같이 논하고 있다.

Benlenky 등은 여성이 지식을 습득하는 과정에 대한 유명한 연구물인 Women's Ways of Knowing을 발표하였는데, 여기에서 남성과 여성을 각각 '분리된 인지'와 '연결된 인지'로 이분화하였다. 그리고 분리된 인지의 특징으로 논리성, 엄밀성, 추상성, 합리성, 공리

성, 확실성, 연역성, 형식성, 완결성, 절대 진리, 힘과 통제를 제시하였으며, 연결된 인지는 분리된 인지와 상반되는 직관, 창의성, 가설화, 추측, 경험, 상대성, 귀납, 비완결성, 맥락화의 특징을 갖는다고 보았다. 분리된 인지에서는 학습자 자신이 옳다고 생각하는 것에 대해 제기되는 회의를 일소하기 위하여 연역적인 증명을 시도하므로, 여성에게 다소 생소한 방식이 될 수 있다. 이에 반해 연결된 인지는 주로 개인적 경험을 통해 지식을 획득하며, 결과를 유도하는 맥락을 중시하고, 귀납적인 사고를 선호하여, 여성의 인지 양식에 보다 가깝다고 할 수 있다.

 남성과 여성의 인지 양식이 상이하다고 보는 연구들은 여학생이 수학에서 열세를 보이는 것이 선천적인 생물학적 차이나 사회화 과정에서의 차이에서도 연유하지만 보다 근본적인 원인은 수학 교수·학습이 남성의 인지 구조에 유리한 방식으로 이루어져왔기 때문이라고 해석한다. 요컨대 수학의 교수·학습에서 절대 진리와 확실성을 추구하고, 추상화와 논리적 엄밀성에 터한 연역적인 증명을 강조하는 것은 '분리된 인지'의 특징에 근접한 방식이라고 할 수 있다. 이에 반해 여성에게 많이 나타나는 연결된 인지의 특성에 부합되는 직관이나 경험에의 의존, 추측하고 일반화하는 행동, 귀납적인 접근, 풍부한 상황이나 문맥과의 연결 등은 경시되어 온 경향이 없지 않다.

 위와 같은 결과는 앞에서 고정화 외 2인(2008)의 연구에서 학생들의 학년이 올라가면서 남학생이 점점 더 잘하게 된다는 이유의 원인을 설명해 주는 것으로 생각된다. 왜냐하면 수학 교육과정은 전통적으로 초등학교에서는 귀납적인 방법을 주로 활용하며, 중학교에서는 귀납에서 연역으로 이행하고, 고등학교에서는 주로 연역에 의존하게 되기 때문이다. 그러나 이렇듯 남학생과 여학생의 인지 양식이 다른 원인에 대해서는 알기 어렵다.

4. 양성 평등을 지향하는 교과교육

지금까지 국제평가인 TIMSS와 PISA, 그리고 우리나라의 국가수준 학업성취도 평가를 통하여 나타나는 남·여 학생의 성차에 대하여 개략적으로 살펴보았고, 수학을 중심으로 성차가 두드러지는 문항의 특징을 알아보았다. 또한 수학에서 남·여 학생의 성차와 관련하여 이루어진 연구를 조사해보았다. 이러한 여러 결과가 교육에 대하여 말해주는 것은 무엇인가?

우선 남·여 학생들의 차이가 있는 내용이 교육과정의 중요한 내용인 경우에는 그 차이를 인정해야 한다는 점이다. 예컨대 측정 단위나 공간 추론에서는 남학생이 유리하고, 정형화된 계산에서는 여학생에게 유리하다고 하더라도, 이러한 내용은 모두 교육에서 중요한 내용이다. 따라서 그러한 치이는 인정하는 것이 바람직할 것으로 생각된다. 교육과정을 결정하는 준거는 다양하겠지만, 가장 중요한 것은 그 학문적 특성이다. 이러한 점에서 중요한 내용을 성차로 인하여 배제하거나 하기는 대단히 어려운 일일 것이다.

또한 Benlenky 등의 연구에서와 같이 여학생이 연역적 사고에 약하다고 하여 고등 수학의 내용을 귀납적으로 다루는 것 역시 바람직하지 않다. 사실 수학에서 증명은 학생들이 어려워하는 대표적인 내용이며, 그 중 남학생이 여학생보다는 다소 유리하다는 것으로 생각된다. 그렇다고 하여 고등 수학에서 수학의 증명을 제외하자고 주장하기는 쉽지 않다. 이러한 논의는 양성평등의 차원에서 이루어지기는 힘들 것이며, 수학이라는 학문의 특성과 학생들의 심리적 특성을 고려하여 결정되어야 할 것이다.

이와 더불어 이러한 차이가 절대적인 것인지는 앞으로 계속 규명해야 할 문제일 것이다. 일례로 TIMSS 2003에서 수학 분야 1위였던 싱가포르의 경우 여학생의 평균이 남학생의 평균보다 10점이 높았다. 과연 남·여 학생의 차이가 절대적이라면 싱가포르의 사례를 설명할 방법이 없는 것이다. 따라서 이러한 차이가 극복할 수 없는 것은 아닐 가능성이 많은 것으로 생각된다.

따라서 우리가 생각할 수 있는 방안은 수학이라는 학문의 특징 또는 국가 교육과정이라는 틀을 구체적으로 교육에 적용하는 과정에서 양성평등을 생각하는 것이 될 것이다. 이 중에서 가장 먼저 생각할 수 있는 것은 역동적인 소재에 대한 것이다. 앞에서 국가수준 학업성취도 평가나 TIMSS 등의 평가에서 역동적인 소재에 대하여 남학생이 여학생보다 매우 높은 정답률을 기록하였음을 보여주는 사례를 소개하였다. 따라서 반드시 그러한 소재를 다루어야 할 이유가 없다면 피하는 것이 남학생과 여학생의 편차를 해소하는 데 도움이 될 수 있을 것이다.

TIMSS나 PISA와 같은 국제 평가나 국가수준 학업성취도 평가에서 남·여 학생의 차이는 과거에 비하여 대폭 줄어들고 있음을 알 수 있었다. 이는 그 동안 사회문화적으로 여학생에 대한 학부모의 생각이 바뀐 것과 관련이 있을 것으로 생각된다. 과거에는 '여자는 시집만 잘 가면 되지 공부는 잘할 필요가 없다'는 식의 사고를 하는 학부모를 주변에서 흔하게 발견할 수 있었다. 그 영향으로 남학생 자녀의 학업에 대한 관심과 지원에 비하여 여학생 자녀의 학업에 대한 관심과 지원은 상대적으로 소홀했던 경향이 있었던 것으로 생각된다. 그러나 오늘날은 이러한 경향은 많이 약해지게 되었고, 여성의 사회 진출은 과거에 비하여 많이 활발해졌다고 볼 수 있다. 최근으로 올수록 남학생과 여학생의 성적 차이가 줄어들고 있는 것은 이러한 경향에 힘입은 것으로 생각된다.

학교에서도 이러한 변화는 일어난 것으로 생각된다. 필자의 어린 시절 남녀 공학인 학교에서 전교 회장은 남학생이 하는 관습이 있었다. 그러나 이제는 그러한 차별은 없어진 것으로 생각된다. 나아가 학생들에 대한 평가에서도 이러한 측면을 주의 깊게 고려하여야 한다. 평가 문항을 출제하는 교사가 남자 교사인가 아니면 여자 교사인가에 따라서 실생활 문제에 대하여 친숙한 소재는 많이 다를 수 있다. 이럴 때 양성의 관점에서 특정한 성별에 유리한 소재인 것은 아닌지 생각해 볼 필요가 있을 것이다.

요약

✔ TIMSS 수학에서 남 · 여 학생의 차이는 1995년 17점, 1999년 6점, 2003년 6점, 2007년 4점으로 점점 줄어들었으며, 과학에서 차이 역시 1995년 29점, 1999년 21점, 2003년 14점, 2007년 8점으로 점점 줄어들고 있다. PISA 수학에서는 2006년에 여학생의 평균이 14점 상승하여 남학생의 평균과 여학생의 평균의 차이는 9점으로 줄어들었고, 이는 OECD 국가 전체의 평균인 11점보다 작은 것이다. 과학에서 남학생의 평균은 521점, 여학생의 평균은 523점으로 여학생의 평균이 오히려 2점 높았다.

✔ 수학에 대한 여러 평가를 분석해 보면 남학생이 우위를 보이는 문항은 공간적 추론, 비례적 추론, 역동성을 지닌 소재, 측정 단위, 넓이 계산, 지도 읽기 등이며, 여학생이 우위를 보이는 문항은 정형화된 알고리즘 적용 문항, 확률과 통계 영역의 그래프 등임을 알 수 있다.

✔ 수학 교과에서는 초등학교에서는 여학생이 남학생보다 더 잘 하고, 중학교에서는 비슷하며, 고등학교로 가면서 남학생이 여학생보다 더 잘 하는 경향이 있다. 이는 학교 수학의 교수 · 학습에서 남학생이 인지적으로 강한 절대 진리와 확실성을 추구하고, 추상화와 논리적 엄밀성에 터한 연역적인 증명을 강조하는 경향이 있는 반면, 여학생에게 많이 나타나는 현상은 직관이나 경험에의 의존, 추측하고 일반화하는 행동, 귀납적인 접근, 풍부한 상황이나 문맥과의 연결 등은 상대적으로 경시한 것과 관련된다

는 연구가 있다.

✔ 그 동안 수학이나 과학 과목에서 남·여 학생의 차이가 줄어든 것은 사회문화적으로 여성에 대한 양성평등을 추구해 온 것에 기인하는 것으로 볼 수 있다. 그러나 교과의 고유의 특성으로 인한 차이는 인정해야 할 부분도 있다. 중요한 것은 학생들에 대한 수업 시간이나 평가에서 가능한 남·여 학생의 차이를 줄이고자 노력하는 것이다.

토의 과제

✔ 본인의 경험에서 수업 시간에 주어진 과제나 평가에서 다른 성별의 학생보다 유리하거나 불리하다고 느낀 적이 있는가? 있었다면 어떤 상황이었는지 생각해보고 본문의 내용 중에서 관련된 부분을 찾아서 토의해 보자.

✔ 수학과 과학 교과에서 남·여 학생의 차이가 줄어들고 있는 이유가 어떤 것이 있는지 토의해보자.

✔ 수학이나 과학 수업 시간에 남·여 학생을 차별하지 않는 구체적인 방안에 대하여 토의해 보자.

✔ 수학이나 과학 평가에서 남·여 학생을 차별하지 않는 구체적인 방안에 대하여 토의해 보자.

참고
문헌

강세영(1998). 교직 여성화와 교직의 성별관계. 한국여성학. 14(2).
    63-94.

고정애·이원진(2006.5.15), 요즘 교사 최고 인기 직업 스승역할도 최
    고였으면... 중앙일보. 1.

고정화·도종훈·송미영(2008). 수학과 국가수준 학업성취도 평가에서
    의 성별 차이 분석. 대한수학교육학회지 수학교육학연구. 18(2).
    179-200.

교육인적자원부(2005). 초등학교 교사용 양성평등교육 지침서. 서울: 교육
    인적자원부.

김경근(1991). 한국 여성의 노동시장 행태 분석: 교육의 역할을 중심으
    로. 교육사회학연구. 1(2). 93-110.

김경화(2003). 교직여성화에 따른 초등학교 경영활동의 변화와 과제.
    한국여성학. 19(1). 145-180.

김경희·김수진·김미영·김선희(2009). PISA와 TIMSS 상위국과 우리나

라의 교육과정 및 성취 특성 비교 분석. 한국교육과정평가원.

김내학(2005). 초등학교장의 역할과 희망. 광주교육대학교 초등학교문
    화연구소(편). 초등학교 교사: 연구자로서의 삶. 서울: 양서원.
    301-337.

김명수(1995). 비교관점에서의 한국 교사교육의 투자 수익률에 관
    한 연구. 김기석(편). 교육사회학 탐구 II. 서울: 교육과학사.
    147-182.

김상섭(2009). 현대인의 교사 루소 - 루소는 에밀을 어떻게 가르쳤는가. 서
    울: 학지사.

김성숙·유준희·서동엽·이춘식·임찬빈(1999). 제3차 수학·과학 성취
    도 국제비교 반복 연구(TIMSS-R) 국내 평가결과 분석 연구. 한국교
    육과정평가원.

김영화(1989). 교육과 노동시장에서의 남녀 불평등, 김신일(외). 한국교
    육의현단계, 서울: 교육과학사. 183-224.

김용숙(1987). 교직의 여성화에 문제있다. 대학교육. 27호(5월호). 한국
    대학교육협의회. 108-112.

김윤옥 외 8인 공역(1998). 열 가지 교육의 쟁점의 조명. 서울: 원미사.

김윤태·임창환·한경수(1971). 교직의 여성화 경향에 관한 연구. 대한교
    육연합회.

김재춘·왕석순(1999). 제7차 교육과정에서의 양성평등교육실현 방안 연구:
    5개 교과 양성평등수업지도 방안 개발을 중심으로. 한국교육과정평
    가원.

김정숙(2007). 여자대학생들의 직업포부는 어떻게 형성되는가? : 가정

과 노동시장에서의 성별분업에 대한 인식과 대응방식을 중심으로. 교육사회학연구, 17(1). 77-108.

남성교사 적어 고민(1996. 5.16). 동아일보.

네틀쉽, R. L., 김안중·홍윤경 역(2010). 플라톤의 국가론 강의. 서울: 교육과학사.

민무숙(1996). 여교사의 학교행정가·교육전문식 진출 촉진 방안 연구: 초등학교를 중심으로. 한국여성개발원.

민무숙·심미옥·김재웅(2002). 교직의 성균형성 제고를 위한 정책방안 연구: 초·중등 관리직을 중심으로. 한국여성개발원.

민무숙·정해숙·강태중(2000). 여교사의 교단진입 증가에 따른 학교 현장 실태분석. 한국여성개발원.

박경미·최승현(2002). 학업성취도 국제 비교 연구(PISA)에 나타난 수학적 소양의 성별 차이에 대한 고찰. 한국수학교육학회지 시리즈 A 수학교육. 41(3). 319-328.

박덕규(1999). 편견으로 얼룩진 교원 성비 불균형 논의. 교육마당 21. 5월호. 104-107.

박 정·정은영·김경희·한경혜(2004a). 수학·과학 성취도 추이변화 국제비교 연구 - TIMSS 2003 결과 보고서 -. 한국교육과정평가원.

박 정·정은영·김경희·한경혜·전현정(2004b). 교수, 수업, 그리고 학생 성취 - TIMSS 1999 결과를 중심으로 -. 한국교육과정평가원.

박종현 역주(2005). 플라톤의 국가(政體). 서울: 서광사.

백승호(2008. 4. 1). 서울교원 73.9% "남교사 할당제 필요". 한국교육신문. 20008. 4. 1. 7면.

서동엽(2000). 제 3차 수학·과학 성취도 국제비교 반복 연구에서 우리나라 중학교 2학년 학생들의 수학 성취도 국제 비교. 한국교육과정평가원. 우리나라 중학생의 수학·과학 성취 결과, 국제수준은 어떠한가? - 제3차 수학·과학 성취도 국제 비교 반복 연구(TIMSS-R) 결과 발표 세미나 -. 25-66.

신극범·최돈민·성남용·김창곤·채귀묵(1984). 교직의 여성화 경향에 관한 연구. 대한교육연합회.

심미옥(1999). 교직의 여성화가 초등학생의 여성화에 미치는 영향: 아동에 대한 기대와 행동을 중심으로. 교육사회학연구. 9(1). 47-73.

심미옥·라병소·백정자(1997). 교직의 여성화와 교육대학교 입학정원의 성별할당제에 관한 연구. 학생생활연구. 21. 춘천교육대학교 학생생활연구소. 67-122.

안인희·정희숙·임현식(1994). 루소의 자연교육사상. 서울: 이화여자대학교 출판부.

안창선·남경현·이욱범(1999). 교사론. 서울: 교육과학사.

오인탁(1999). "플라톤". 연세대학교 교육철학연구회 편. 위대한 교육사상가들 Ⅰ. 서울: 교육과학사, 45-108.

우은복(1999). 초등학교 성역할 교직문화 연구. 교육사회학연구. 9(1). 75-103.

이미경·손원숙(2007). PISA 2006 결과 분석 연구-과학적 소양, 읽기 소양, 수학적 소양 수준 및 배경 변인 분석-. 한국교육과정평가원.

이연숙(2000). 루소의 여성교육관에 관한 연구. 한국교원대학교 대학원

석사학위논문.

이위환(1993). 여성의 직업경력발달유형이 직업 선택에 미치는 영향. 교육사회학연구. 3(2). 135-153.

이인호(1991). 대졸 여성노동시장의 성분업에 관한 연구: 교직을 중심으로. 박사학위논문. 고려대학교 대학원.

이인효(1992). 한국교육의 종합 이해와 미래 구상(III): 교사와 교직풍토 편. 한국교육개발원.

이정은(2007). 여성 교육에 관한 루소의 단상. 철학과 현실. 75, 110-126.

이주한(2009). 교육의 역사와 철학의 탐구. 서울: 창지사.

이지영(1995). 교직유인의 유의성과 교직여성화 연상과의 관련연구. 석사학위논문. 이화여자대학교 대학원.

이지은(2003). 경찰조직 내 양성관계에 관한 연구. 석사학위 논문. 서울대학교 대학원.

임희숙(1994). "자연성에 관한 루소의 여성교육론 비판". 학생생활연구. 1(1). 83-108.

전숙자·박은아·최윤정(2009). 다문화사회의 새로운 이해. 서울: 그린.

정영애(1999). 여성의 배려적 노동과 비교가치론. 한국여성학. 15(1). 71-101.

정해숙(2002). 초·중등 교육과정의 성인지적 개편을 위한 양성평등 교육내용 개발. 서울: 한국여성개발원.

주찬진(2000). 한국여군의 구조적 쟁점에 관한 사회학적 일 고찰. 석사학위논문. 고려대학교 대학원.

진상우(2002). 초등학교 남녀교사의 문화적 차이에 관한 참여관찰연구. 석사학위논문. 서울대학교 대학원.

최용규 역(2004). 살아있는 사회과교육. 서울: 학지사.

한명희,(1987). 성별 정원 할당제는 폐지되어야. 대학교육. 27. 한국대학교육협의회. 113-117.

홍미영(2000). TIMSS-R 과학 성취도 국제 결과. 한국교육과정평가원. 우리나라 중학생의 수학·과학 성취 결과, 국제수준은 어떠한가? - 제3차 수학·과학 성취도 국제 비교 반복 연구(TIMSS-R) 결과 발표 세미나 -. 77-111.

______(2002). 교직여성화의 쟁점과 과제. 초등교육연구. 15(1). 151-165.

______(2004). 여교사의 승진 저해 요인에 대한 이론적 탐색. 학생생활연구. 26. 춘천교육대학교 학생지원상담소. 27-41.

______(2005). 교직의 여성화와 교원의 지위. 학생생활연구. 27. 춘천교육대학교 학생지원상담소. 1-16.

Acker(1983). Women and teaching: A semi-detached sociology of semi-profession. In S. Walker, & L. Barton(eds.). *Gender, class, and education.* Lewes, Sussex: The Palmer Press. 123-139.

Are there too many women teachers?(1904). *Educational Review.* 28. 98-105.

Bakan, D.(1966). *The duality of human existence.* Chicago: Rand McNally.

Barkley, R. A., Ullman, D. G., Oho, L., & Brecht, J. M.(1977). The effects of sex typing and sex appropriateness of modeled behavior on children's imitation. *Child Development.* 48. 721-725.

Biklen, S. K., & Pollard, D.(1993). Sex, gender, feminism, and education. In Sari K. Biklen(eds.). *Gender and Education.* Chicago: University of Chicago Press.

Brophy, J., & Good, T.(1974). *Teacher student relationships: Causes and consequences.* New York: Holt Rinhart and Winston.

Chadwick, F. E. (1914). The woman peril in American education. *Educational Review.* 47. 109-119.

Estler, S. E.(1975). Women as leaders in public education. *Sign: Journal of women in culture and society.* 1(2). 363-386.

Gilligan, C.(1982). *In a Different Voice.* Cambridge: harvard University Press.

Gold, D., & Reis, M. (1982). Male teacher effects on young children: A theoretical and empirical consideration. *Sex Roles.* 8. 493-513.

Goldman, W. J.(1970). Males: A minority group in the classroom. *Journal of Learning Disabilities.* 3. 276-278.

Good, T., Sikes, J., & Brophy, J.(1973). Effects of teacher sex and student sex on classroom interaction. *Journal of*

Educational Psychology. 65. 74-87.

Griffin, G.(1997). Teaching as a gendered experience. *Journal of Teacher Education.* 48(1). 7-18.

Hall, G. S.(1908). Feminization in school and home. *The World's Work.* 16. 10237-44.

Hillman, S., & Davenport, G.(1978). Teacher-student interaction in desegregated schools. *Journal of Educational Psychology.* 70. 545-553.

Honer(1972). The motive to avoid success and changing aspirations of college women. Bardwick, J. M.(ed.) *Reading on the Psychology of Women.* New York: Harper, & Row. 62-67.

Kanter, R. M.(1993). *Men and women of the corporation.* N.Y.: Basic Books.

Kerckhoff(1976). The status attainment process: socialization or allocation? *Social Forces.* 55(2). 368-380.

Krutetskii, V. A. (1976). *The Psychology of Mathematial Abilities in School Children.* Chicago, IL: The University of Chicago Press.

Licht, B. G. and C. S. Dweck(1983). Sex differences in achievement orientation. *Gender and Politics of schooling.* eds. M. Arnot and G. Weiner(1987). London: Unwin Hyman. 95-107.

Lueptow, L. B.(1981). Sex-typing and change in the occupational choices of high school seniors: 1964-1975. *Sociology of Education*. 54. 16-24.

Maccoby, E. E., & Jacklin, C. N.(1974). *The Psychology of Sex Differences*. Stanford, CA: Stanford University Press.

Middleton,, S.(1987). The sociology of women's education as a field of academic study. M. Arnot & G. Weiner(eds.). *Gender and the Politics of Schooling*. London: Unwin Hyman.76-94.

Oram, A.(1987). Sex antagonism in the teaching profession: Equal pay and the marriage bar, 1910-39. In M. Arnot,& G. Weiner. *Gender and the Politics of Schooling*. London: Unwin Hyman. 276-289.

Parsons, T., & Bales, R. F.(1955). *Family, socialization and interaction process*. Glencoe, IL: The Free Press.

Perry, D. G., & Bussey, K.(1979). The social learning theory of sex differences: Imitation is alive and well. *Journal of Personality and Social Psychology*. 37. 1699-1712.

Rousseau, J. J. 저(1762). 손정수 옮김(1993). 에밀. 서울: 배제서관.

Rousseau, J. J. 저(1762). 이태일·최현 옮김(1994). 사회계약론. 서울: 범우사.

Rousseau, J. J. 저(1770). 박순만 옮김(1991). 참회록. 서울: 집문당.

Sexton, P.(1970). How the American boy is feminized.

Psychology Today. 3. 23-29. 66-67.

Shakeshaft, C. (1987). *Women in Educational Administration.* Newbury Park, CA: Sage Publications.

St. John, C. W.(1932). The maladjustment of boys in certain elementary grades. *Educational Administration and Supervision.* 18. 659-672.

Stake, J., & Katz, J.(1982). Teacher-pupil relationships in the elementary school classroom: Teacher-gender and pupil-gender differences. *American Educational Research Journal,* 19, 465-471.

Strober, M. H., & Tyack, D.(1980). Why do women teach and men manage? A report on research on schools. *Signs.* 5(3). 494-503.

Tyack, D., & Hansot, E.(1990). *Learning Together: A history of coeducation in America school.* New Haven, CT: Yale University Press.

Williams, C.(1992). The glass escalator: Hidden advantages for men in the "female professions". *Social Problems.* 39(3). 253-267.

찾아보기_용어

찾아보기_인명